Kyra Böhme

W0235676

KNAUR✱

Wolfgang Grenz
Julian Lehmann
Stefan Keßler

Schiff
bruch

Das Versagen
der europäischen
Flüchtlingspolitik

Besuchen Sie uns im Internet:
www.knaur.de

Deutsche Erstausgabe Mai 2015
Knaur Taschenbuch
© 2015 bei Knaur Verlag
Ein Imprint der Verlagsgruppe Droemer Knaur
GmbH & Co. KG, München
Alle Rechte vorbehalten. Das Werk darf – auch teilweise –
nur mit Genehmigung des Verlags wiedergegeben werden.
Lektorat: Heike Gronemeier
Umschlaggestaltung: ZERO Werbeagentur, München
Umschlagabbildung: FinePic®, München
Satz: Adobe InDesign im Verlag
Druck und Bindung: CPI books GmbH, Leck
ISBN 978-3-426-78745-8

5 4 3 2 1

Inhalt

Kapitel 1

Lampedusa oder
das Ertrinken einer Illusion

Die Lichter in Sichtweite

Es ist eine warme Nacht auf dem Meer vor der italienischen Insel Lampedusa, 23 Grad Celsius. Diejenigen, die an Deck sitzen, sehen die Lichter an Land als Erste. Schnell macht die Nachricht die Runde, dass es bald geschafft sei. Sie erreicht auch jene, die unter Deck mit Seekrankheit kämpfen. Dicht an dicht liegen oder kauern sie dort nebeneinander, die Luft zum Schneiden. Mehr als 520 Menschen sind an Bord. Angst, Erleichterung und Aufregung sind die bestimmenden Gefühle, als die Lichter in der Ferne auftauchen. Der Motor verstummt. Die Schmuggler, die das zwanzig Meter lange Fischerboot seit mehr als dreißig Stunden auf Kurs gehalten haben, wollen es so. Besser, die Küstenwache schleppt das Schiff in den Hafen, dann bleiben sie unerkannt. Die Pumpe, die das Schiff trocken gehalten hat, stellt mit dem Hauptmotor ihren Betrieb ein, unter Deck wird es nass. Zu nass. Das registrieren auch die Schmuggler, die den Motor nun wieder anlassen wollen. Ohne Erfolg. Einer von ihnen gießt Benzin über eine Decke, der Feuerschein soll Aufmerksamkeit an Land erregen. Stattdessen fängt das Boot Feuer. Viele, zu viele, fliehen vor den Flammen auf die andere Seite des Schiffs. Es kentert.

Die Menschen unter Deck haben keine Chance, sie sitzen in der Falle. Die an Deck werden ins Meer gespült. Die wenigsten von ihnen können schwimmen – das lernt man nicht in Somalia und Eritrea, dort, wo sie herkommen. Es überleben die, die nach den Strapazen der Reise, dehydriert und entkräftet, noch stark genug sind, um sich ein paar Stunden über Wasser zu halten. Es überleben die, die das Glück haben, etwas Schwimmfähiges zu finden, an dem sie sich festhalten können. Es überleben die, denen Fischer eine helfende Hand reichen. Die anderen ertrinken, die Lichter der Insel in Sichtweite. Einige der Retter berichten später, die Rufe der Verzweifelten hätten aus der Ferne »wie Möwengeschrei«[1] geklungen.

Am 3. Oktober 2013 sterben vor Lampedusa 366 Menschen. Die Bilder der Leichensäcke, aufgereiht auf der Mole des kleinen Hafens, gehen um die Welt. Die Särge, in die sie später gelegt werden, finden nur im Hangar des Flughafens Platz, der Friedhof der Insel ist längst voll. Einer nach dem anderen werden sie auf ein Militärschiff geladen und nach Sizilien verschifft. Hier werden die sterblichen Überreste derer, die das Meer wieder freigegeben hat, in anonymen Gräbern ihre letzte Ruhe finden.

Spätestens seit jenem Tag im Spätherbst des Jahres 2013 ist der Name Lampedusa zum Synonym geworden für die zahlreichen gescheiterten Versuche von Flüchtlingen, in seeuntüchtigen Booten das Mittelmeer zu überqueren. Dabei ist das Gebiet vor der Insel keineswegs Europas einziges nasses Grab. Zwischen Mitte 1995 und Mitte 2014 sind laut Angaben der niederländischen Nichtregierungsorganisation UNITED über 10 000 Menschen an den Grenzen Europas ertrunken. In der Ägäis, dem Ärmelkanal, vor Gibraltar, den Kanaren, vor Lesbos, Kreta, Malta, Sizilien, Zypern. In den 1990er Jahren waren auch Oder und Neiße, damals EU-Außengrenzen, ein gefährliches Hindernis: Von 1997 bis 1999 ertranken oder erfroren dort 23 Flüchtlinge – in Frankfurt (Oder), in Görlitz, Klingenthal, Hirschfelde.[2] Im September 2003 schwemmte der griechische Fluss Evros 26 Menschen ans Ufer. Sie waren ertrunken, nachdem ihr Boot gekentert war. Im Sommer 2007 sank ein aus Mauretanien kommendes Boot vor den Kanarischen Inseln, 57 Menschen starben dabei in den Fluten. Im April 2014 ertranken sieben Menschen vor der griechischen Insel Lesbos. Auch ihr Boot war gekentert. Einer der zwei Überlebenden, ein Syrer auf der Flucht vor dem Bürgerkrieg in seiner Heimat, sah seine Schwester und ihre Tochter in den Fluten verschwinden. Eine Stunde lang hielt er seine vierjährige Nichte in den Armen, bevor sie starb. Der Vater der Kleinen hatte sich daraufhin seiner Schwimmweste entledigt, um seiner Frau und seinen Kindern zu folgen.[3]

Viele Arten, zu sterben

Nicht nur die Gewässer Europas waren und sind für Migranten eine tödliche Gefahr. Wer versucht, ohne Papiere eine Grenze zu überqueren, riskiert den Tod durch Ersticken, Erfrieren, Überhitzung, Verdursten, Verhungern oder auch durch die Explosion von Landminen. Am 22. Dezember 1999 erfror ein Mann aus dem Irak in einem Kühllaster auf dem Weg von der Türkei nach Griechenland. In den schneebedeckten Bergen zwischen Bulgarien und Griechenland ereilte im Juli 2001 eine Frau aus Georgien das gleiche Schicksal. Im Juni 2000 entdeckten Hafenmitarbeiter in Dover 58 Leichen in einem Frachtcontainer. Die Männer und Frauen aus China waren in der nahezu luftdichten, 40 Fuß großen Blechkiste erstickt. Nur zwei Menschen überlebten. In der Türkei gerieten 2001 zwei türkische Kurden in ein Minenfeld an der türkisch-griechischen Grenze, das die Armee dort wegen des Zypern-Konflikts angelegt hatte. Beide starben. Am 13. August 2005 wurden vier Tote unbekannter Nationalität in einem Container in Rotterdam gefunden – erstickt. Am 13. September 2007 starben drei Mädchen zwischen sechs und dreizehn Jahren aus der russischen Teilrepublik Tschetschenien an Erschöpfung nahe der ukrainisch-polnischen Grenze. In einem Gurkenlaster auf dem Weg von Griechenland nach Venedig erstickte am 27. Juni 2008 ein Iraker. Auf der Fähre von Griechenland ins italienische Ancona starben am 23. Juni 2012 zwei Afghanen den Hitzetod in einem brütend warmen Lastwagen-Container. Kurz vor Weihnachten 2012 wurde ein erfrorener Syrer an der bulgarisch-türkischen Grenze entdeckt. Wegen des schlechten Wetters hatten sich er und ein Landsmann verlaufen. Die Liste ließe sich beliebig fortsetzen.

Gleichwohl ist es schwierig, realistische Zahlen zu den Todesfällen an Europas Grenzen zu ermitteln. Denn es werden nur die erfasst, deren Leichen entdeckt werden. 2013 taten sich daher europäische Journalisten für das Projekt »The Migrant Files« zusammen. Sie führten verschiedene Quellen zu Todesfällen, die sich an und auf dem Weg zu den Grenzen Europas ereignet haben, in einer Datenbank zusammen. Darunter waren neben den Angaben von UNITED auch die Dokumentationen des italienischen Blogs »Fortress Europe«. Anschließend überprüften sie die Datensätze anhand öffentlich zugänglicher Quellen und bereinigten Doppelungen. Das Ergebnis ist dramatisch. Die Journalisten des »Migrant Files«-Projekts gehen davon aus, dass seit der Jahrtausendwende über 23 000 Menschen auf dem Weg nach Europa ums Leben gekommen sind.

Von denen, die 2013 die Fahrt über das Mittelmeer wagten, starben zwei von hundert. Die meisten von ihnen blieben namenlos. Es ist 150 000 Mal wahrscheinlicher, dass ein Flüchtling bei der Überfahrt über das Mittelmeer stirbt, als dass ausgerechnet Ihr Flugzeug abstürzt. 15 000 Mal wahrscheinlicher, als auf einer Autostrecke von 200 Kilometern ums Leben zu kommen. Und fünf Mal so wahrscheinlich, wie in 25 Jahren regelmäßigen Fallschirmspringens einen tödlichen Unfall zu erleiden. Wer es bis zur letzten Etappe – der Überfahrt über das Meer – geschafft hat, der hofft, dass sich auf den letzten Metern auch sein Schirm noch einmal öffnet.

Tatsächlich haben diejenigen, die in Libyen, Tunesien, Algerien, Ägypten oder der Türkei in der Dunkelheit die alten Planken eines Fischerbootes besteigen oder sich aus dem hüfthohen Wasser auf ein poröses Schlauchboot ziehen, oft schon das Schlimmste hinter sich. Welche Odyssee hinter diesen Menschen liegt, ist für uns kaum zu ermessen. Der Journalist Wolfgang Bauer und der Fotograf Stanislav Krupar haben sich im Frühling 2014 undercover diesen Strapazen ausgesetzt. Sie wollten sich mit einer Gruppe syrischer Flüchtlinge von Ägypten aus nach Europa bringen lassen. Ihr Fazit: Die größte Gefahr lauert an Land. Zunächst ging es von einer konspirativen Schleuserwohnung zur anderen. In Alexandria wurden sie entführt, Kriminelle wollten von der Schleuserbande Lösegeld erpressen. Auch die Menschenschmuggler selbst spielten, so Bauer später, oft ein doppeltes Spiel. Je nachdem, was lukrativer sei, würden sie ihre »Schützlinge« weiterverkaufen oder ihnen wie versprochen zur Flucht verhelfen. Bauer und Krupar gelang es, ein Boot zu besteigen. Die Identität der Journalisten flog erst auf, als das ägyptische Militär die Gruppe nach kurzer Fahrt aufgriff und in ein Internierungslager steckte. 59 Männer und Frauen in einem 35 Quadratmeter großen Raum. Kein Verfahren. Kein Anwalt. Ihr mitreisender Freund, ein in ägyptischer Haft gebrochener syrischer Familienvater, wurde ohne seine beiden Töchter und seine Frau in die Türkei abgeschoben.[4]

Je größer die Entfernung, die die Menschen auf der Flucht nach Europa zurückgelegt haben, desto mehr Schleuser waren an ihrer Reise beteiligt, desto mehr Beamte mussten bestochen werden und desto öfter haben ihnen andere kriminelle Nutznießer Geld und Wertsachen abgenommen, sie geschlagen und erniedrigt. Der Menschenschmuggel ist ein lukratives Geschäft, und an guten Geschäften wollen viele teilhaben.

Wer aus Regionen südlich der Sahara nach Nordafrika will, muss zunächst durch die größte Wüste der Welt und damit durch faktisches Niemandsland in Mali, Algerien, Libyen, den Tschad und den Sudan, in dem bewaffnete Gruppen auf leichte Beute warten. Eine der Überlebenden der Katastrophe vor Lampedusa berichtete, sie sei auf dem Weg nach Libyen in der Sahara gekidnappt worden. Die Entführer hätten sie und ihren Mitreisenden mehrere Wochen festgehalten, geschlagen und sexuell missbraucht.[5] Andere werden ausgeraubt und in der Wüste ausgesetzt. Und wer auf der langen Fahrt auf der schaukelnden Ladefläche eines Lkw einschläft und runterfällt, wird einfach liegen gelassen.[6]

Die rund 6000 US-Dollar, die Flüchtlinge für die gesamte Reise berappen müssen, zahlen sie nicht für ein All-inclusive-Ticket. Etappe für Etappe schrumpfen ihre Ersparnisse, die Gelder, die sie über Privatdarlehen aufgenommen haben. Wer wohlhabend ist, kann bessere Bedingungen aushandeln: Er schafft es in die Türkei und umgeht so den Seeweg, kann vielleicht für sich und die Familie ein gefälschtes Visum eines nordafrikanischen Staates besorgen, einen gefälschten oder gestohlenen Pass kaufen, einen Abschnitt der Reise mit dem Flugzeug zurücklegen. Oder Tausende von Euro auf die gefährliche Wette setzen, ob die italienische Marine ein mit Flüchtlingen voll besetztes Frachtschiff, dessen Autopilot es ohne die

Besatzung auf die Küste zusteuert, noch rechtzeitig aufgreift oder eben nicht. Die anderen müssen die Fahrt auf jenen kleinen Booten antreten, die ihnen oft genug zum Grab werden. Im Tod sind sie alle gleich – die IT-Spezialistin aus Aleppo in Syrien und ihr Landsmann, der Bäcker, der Student aus Eritrea und die Bauarbeiter aus Thiès im Senegal.

Nicht einfach so

Unglücke passieren. Aber viele der Unglücke an den europäischen Außengrenzen passieren »nicht einfach so«. Überlebende, Journalisten, Nichtregierungsorganisationen (NGOs) und Wissenschaftler haben Fälle dokumentiert, in denen es um mehr geht als um abstrakte politische Verantwortung. Sie haben Fälle dokumentiert, die unterlassene Hilfeleistung belegen, unmenschliche und erniedrigende Behandlung, und Beihilfe dazu. Begangen auf dem Gebiet der Europäischen Union, von ihren Mitgliedsstaaten, von deren Beamten und anderen Organen der Exekutive.

Der renommierte italienische Journalist Fabrizio Gatti beschreibt Ende 2013 im italienischen Magazin *l'Espresso* die Hintergründe eines Unglücks, das sich bereits im Oktober desselben Jahres ereignet hat.[7] Knapp eine Woche nach der Katastrophe von Lampedusa nimmt erneut ein mit fast 500 Menschen überladenes ehemaliges Fischerboot Kurs auf die Insel. In der Nacht vom 10. auf den 11. Oktober zerlöchert das Maschinengewehrfeuer eines libyschen Militärbootes den Holzrumpf. Wasser dringt ein, aber das Boot fährt. Noch. Am nächsten Morgen versucht einer der Passagiere mit einem Satellitentelefon die italienische Küstenwache zu erreichen. Deren Leitstelle bestätigt später, zwischen 12:26 und 12:56 Uhr drei Notrufe erhalten zu haben. Der Anrufer sei »sehr beunruhigt« gewesen, so sehr, dass er nach Aussage eines Admirals der Küstenwache kaum zu verstehen gewesen sei. Die Leitstelle erfährt von dem Anrufer, einem syrischen Arzt, die Position des Schiffes, die Anzahl der Passagiere und Details zum Gesundheitszustand der Menschen an Bord. Die schnellen Rettungs- und Patrouillenboote aus Lampedusa hätten das Fischerboot gegen 15:00 Uhr erreichen können. 27 Seemeilen entfernt kreuzt das italienische Kriegsschiff *Libra,* das die italienischen Fischer vor Angriffen durch Libyer schützen soll. Auch die *Libra* hätte um 15:00 Uhr vor Ort sein können. Doch keines dieser Schiffe hilft. »Bitte, wir sterben gleich!«, fleht der Anrufer. Tonaufnahmen belegen die Antwort: Er solle sich an die Seenotrettungs-Leitstelle in Malta wenden. Rasch wird die Nummer durchgegeben, dann ist die Leitung tot.

Der Bauch des Fischerbootes steht inzwischen vollständig unter Wasser, die Menschen an Bord drängen sich auf dem oberen Deck. Die inzwischen informierte Seenotrettungs-Leitstelle von Malta schickt ein Flugzeug, das um 16:22 Uhr den Kahn sichtet und gegen 17:00 Uhr dessen Kenterung meldet. Die Leitstelle in Malta bittet daraufhin die italienischen Kollegen um Hilfe, die endlich aktiv werden. Das erste Schiff, ein maltesisches Patrouillenboot, trifft um 17:51 Uhr an der Unglücksstelle ein. Wenig später erscheinen auch die Italiener.

Mindestens 268 Menschen, darunter mehr als hundert Kinder, ertrinken an diesem Tag. Alle hätten gerettet werden können. Nur 26 Leichen werden geborgen.

Wer um ein drohendes Unglück weiß oder Zeuge dessen wird und nicht reagiert, begeht aus juristischer Sicht unterlassene Hilfeleistung. In Deutschland kann man dafür mit einer

Gefängnisstrafe belangt werden. Im oben geschilderten Fall ist nichts dergleichen passiert. Und es ist beileibe nicht der einzige, der sich in den vergangenen Jahren ereignet hat.

Etwas Vergleichbares ereignete sich bereits 2011; damals wurde eine Untersuchungskommission des Europarats einberufen, die ihren Bericht später mit »das Boot, das dem Sterben überlassen wurde« *(Left-to-die-boat)* betitelte.[8] Forscher der Universität London werteten für die Kommission Augenzeugenberichte, spezielle, hochauflösende zweidimensionale Satellitenbilder, GPS-Signale, Simulationen der Meeresströmungen und offizielle Stellungnahmen aus und konnten anhand dessen folgende Ereignisse nachzeichnen[9]: In den ersten Stunden des 27. März 2011 verlassen 72 Menschen den Hafen von Tripolis in einem zehn Meter langen Schlauchboot. Am Nachmittag wird es von einem Flugzeug gesichtet und fotografiert. Das Bild wird an die italienische Leitstelle zur Koordination der Seenotrettung übermittelt. Am späten Nachmittag geht an Bord der Treibstoff zur Neige. Die Menschen an Bord rufen mit einem Satellitentelefon einen eritreischen Priester in Rom an, der ihre Position an die italienische Leitstelle weitergibt. Diese informiert das Marine-Hauptquartier der NATO in Neapel, die maltesische Seenotrettungs-Leitstelle und, per Sammelanruf, alle in der Nähe befindlichen Schiffe. Ein Armeehelikopter trifft einige Stunden später ein, dreht aber wieder ab. In Erwartung der baldigen Rettung wirft der Bootsführer das Satellitentelefon über Bord, um ein mögliches Beweismittel für den Vorwurf des Menschenschmuggels zu vernichten. Der Helikopter kehrt einige Stunden später zurück, um Wasser und Zwieback abzuwerfen. Zwei Fischerboote sind in der Nähe, werden aber nicht aktiv. Nachdem das Schlauchboot fünf Tage auf dem Mittelmeer treibt, nähert sich ein bislang nicht identifiziertes Kriegsschiff bis auf zehn Meter. Fotos werden gemacht, dann dreht das Schiff ab. In der gleißenden Sonne und ohne Wasser überlässt man die Frauen, Kinder und Männer an Bord dieser Nussschale aus Polyvinylchlorid der Strömung, dem Wind und den Wellen – und damit seine Passagiere dem sicheren Tod. Nach neun Tagen treibt das Boot zurück an die libysche Küste. Von 72 Menschen überlebten elf die Strapazen auf See. Zwei von ihnen starben kurze Zeit später in libyscher Haft.

Die NATO kontrollierte übrigens zum Zeitpunkt des Unglücks auch das Seegebiet vor Libyen, um die Resolution des UN-Sicherheitsrats zum Schutz von Zivilisten in Libyen durchzusetzen.

Passiert ist seitdem nichts. Die Untersuchungskommission des Europarats kann selbst keine strafrechtlichen Ermittlungen führen. Ein Zusammenschluss mehrerer NGOs scheiterte mit ihrer Klage vor zwei Gerichten in Italien und Frankreich – beide entschieden, kein Strafverfahren einzuleiten.

Statistik ohne Namen

Niemand weiß genau, wie viele Menschen jedes Jahr *versuchen,* ohne ein Visum unerkannt die Außengrenzen der Europäischen Union zu überqueren. Frontex, Polizei und Behörden der EU-Länder führen nur Statistiken über ankommende Personen, von denen sie Kenntnis erlangen. Demzufolge gelangten 2014 rund 276 000 Menschen »irregulär« in die EU, davon 207 000 über den Seeweg.[10] Das sind mehr als doppelt so viele wie 2013 und auch entschieden mehr als die rund 64 000 Personen, die 2011 während der Umstürze in Libyen und Ägypten das Mittelmeer überquerten.[11] Wie viele bei ihrem Fluchtversuch scheiterten oder unerkannt nach Europa gelangten, darüber lässt sich nur spekulieren.

Genaueres weiß man hingegen über die Zahl der Asylanträge in der EU, über die neben dem Hochkommissariat der Vereinten Nationen für Flüchtlinge (UNHCR) auch das europäische Statistikamt Eurostat Buch führt. Von Januar bis September 2014 beantragten 415 660 Menschen Asyl in der EU.[12] Im ganzen Jahr 2013 waren es 435 385 Personen. Das sind viele Menschen – aber auch nur so viele, wie am Flughafen Düsseldorf in acht Tagen landen und abfliegen. Die meisten der Flüchtlinge kamen aus Syrien, Russland, Afghanistan, Serbien und Pakistan.

Wer irregulär die Grenze zur EU übertritt, will fast immer Asyl beantragen. Aber nicht jeder, der Asyl beantragt, hat auch irregulär die Grenze übertreten. Und vor allem: Nicht jeder, der Asyl beantragen will, erhält Gelegenheit, es auch zu tun. Nicht jeder, der es beantragt, bekommt es. Und nicht jeder, der es auf dem Papier bekommt, bekommt es auch in Wirklichkeit.

Klingt kompliziert? Ist es auch. Wer Europa erreicht hat, lernt schnell, was komplexe Bürokratie bedeutet. Manche werden lange, manche kurze und manche gar keine behördlichen und gerichtlichen Verfahren durchlaufen, die über ihren Aufenthalt entscheiden. Am Ende steht ein einfaches »Ja« oder »Nein«, ein »Hierbleiben-Dürfen« oder nicht. Neben der Bürokratie haben die Menschen, die es nach Europa geschafft haben, dann auch mit fehlender oder mangelhafter medizinischer Versorgung, mit Obdachlosigkeit oder schlechten bis unmenschlichen Bedingungen bei der Unterbringung zu kämpfen. Das mussten nicht nur die Überlebenden der Katastrophe von Lampedusa erfahren, die auf der Insel zum Teil drei Monate in einer überfüllten Erstaufnahmeeinrichtung eingepfercht waren. Auch Deutschland ist, was die Unterbringung der Flüchtlinge angeht, wahrlich kein Vorzeigeland. 2014 wurden mehrere Misshandlungsfälle aus Flüchtlingsunterkünften in Nordrhein-Westfalen publik; über die Bilder der Misshandlungen sagte der Hagener Polizeipräsident, sie würden ihn an das für Folterskandale berüchtigte US-Gefangenenlager Guantanamo erinnern.[13]

Je nachdem, in welchem EU-Land sich ein Flüchtling befindet, können sich die Dinge für ihn sehr unterschiedlich entwickeln, kann die Unterbringung schlechter oder besser sein und sogar die Entscheidung über das Asylgesuch unterschiedlich ausfallen. Eine Asyl-Lotterie beginnt. Sie sind aus Afghanistan? Dann ist – wenn es um den Ausgang Ihres Asylverfahrens geht – Italien Ihr Hauptgewinn, 94 Prozent aller Asylanträge von Afghanen werden dort positiv beschieden.[14] Doch die Unterbringung ist dort oft mangelhaft; wer es nach Schweden schafft, hat, was das angeht, bessere Karten. Immerhin 60 Prozent der Asylgesuche von Afghanen werden in Schweden positiv beschieden. Hüten Sie sich in jedem Fall vor Griechenland, wo Sie wahrscheinlich auf der Straße leben müssen und nur sieben Prozent der Asylanträge von Afghanen positiv beschieden werden.

Von Rügen nach Latakia

Im Oktober 2013 ertrinken bei den zwei Tragödien vor Lampedusa 634 Menschen. Doch es ertrinkt auch eine Illusion: Europa ist keineswegs so weit weg wie gedacht von der Welt, in der Angst und Verzweiflung herrscht. Einer Welt, in der Krisen zum Dauerzustand geworden sind, in der politische Freiheiten, die uns selbstverständlich erscheinen, nahezu abgeschafft wurden. Der »Krisenbogen« vom Indischen Subkontinent bis ans Horn von Afrika ist seit 1990 länger und breiter geworden. Er reicht heute über Ägypten und Libyen bis nach Algerien. Dort ist es eine Frage der Zeit, bis das verknöcherte Regime von Langzeitpräsident Abd al-Aziz Bouteflika Zerfallserscheinungen zeigt – und damit das Risiko steigt, dass es zu einer von Gewalt geprägten Übergangszeit kommt. Das benachbarte Libyen ist bereits ein zerfallenes Staatsgebilde: Mit dem Sturz von Muammar al-Gaddafi im Jahr 2011 verlor das Land den Kitt, der die dort ansässigen Stämme und politischen Strömungen – von radikal-islamistisch bis westlich-säkular – während des Krieges zusammengehalten hatte. Selbst die Regierung flüchtete sich im September 2014 für ihre Parlamentssitzungen auf eine in der Hafenstadt Tobruk vertäute griechische Fähre.

In Ägypten hat das Militär, das schon zuvor eine Art Staat im Staate gewesen war, die Regierung übernommen und geht rücksichtslos gegen Anhänger der Demokratiebewegung und auch gegen gemäßigte Islamisten vor.

Syrien befindet sich seit 2011 in einer beispiellosen Abwärtsspirale der Gewalt. Die Opposition ist gekapert von Extremisten und in Rebellengruppen zerfallen, die sich inzwischen öfter gegenseitig bekämpfen, als geeint gegen ihren gemeinsamen Feind zu stehen: das Militär von Präsident Baschar al-Assad. Der Bürgerkrieg in Syrien hat längst auch dazu beigetragen, die ohnehin wackelige Stabilität im benachbarten Irak zu zerstören. Dessen Staatsapparat war durch die Invasion der USA und deren »Koalition der Willigen« (darunter auch einige EU-Staaten) völlig zerstört worden und bei deren Abzug im Jahr 2011 noch längst nicht wieder aufgebaut. Der irakische

Präsident Maliki hat es seitdem verstanden, die sunnitische Mehrheitsbevölkerung auszugrenzen und so Extremisten heranzuzüchten. Aber auch der Libanon und Jordanien sind aktuell akut gefährdet.

2014 haben die Vereinten Nationen zum ersten Mal seit ihrer Gründung 1945 vier humanitäre Notstände der höchsten Stufe ausgerufen – für den Irak, den Südsudan, Syrien und die Zentralafrikanische Republik, alles Länder, in denen Krieg herrscht. Erstmals seit Ende des Zweiten Weltkriegs ist die Zahl der Flüchtlinge, die über internationale Grenzen fliehen oder in ihrem eigenen Staatsgebiet auf der Flucht sind, weltweit auf über 50 Millionen geklettert. 300 Kilometer Luftlinie sind es von Libyen nach Lampedusa, gerade einmal so viel wie eine Autofahrt von Berlin nach Hannover. Weniger als 100 Kilometer sind es vom EU-Staat Zypern bis zur syrischen Küstenstadt Latakia. Das ist in etwa so, als stünden Sie auf Rügens Kreidefelsen und drüben, in Schweden, tobte der Krieg.

Auf dem Prüfstand

Europa, dieser selbsternannte »Raum der Freiheit, der Sicherheit und des Rechts« ist nah dran an der Welt, in der Angst und Verzweiflung herrschen. Und das wird sich auch nicht so schnell ändern. Alte Krisenherde werden bleiben, möglicherweise werden neue dazukommen – auch südlich von Europa.

Wie werden wir damit umgehen? Werden wir Verantwortung übernehmen für diejenigen, die Schutz vor Terror, Tod und Verfolgung suchen? Wie die EU in Zukunft mit jenen Menschen verfährt, wird auch zu einer Frage darüber werden, welche Rolle Europa zukünftig in der Welt spielen will. Verantwortung übernehmen und eine gewichtige Rolle in der Welt spielen zu wollen heißt auch, nicht nur Krisen vor Ort eindämmen zu wollen, sondern mit den Folgen, die diese Krisen nun einmal haben, umgehen zu lernen.

Deutschland diskutiert die Frage seiner Verantwortung in der Welt seit der Wiedervereinigung immer mal wieder, meist in Zusammenhang mit Auslandseinsätzen der Bundeswehr. Nicht aber im Zusammenhang mit den Todesfällen von Lampedusa und Gibraltar, von Ceuta und Melilla, von den Kanaren, dem Ärmelkanal und dem Evros. Europa als Ganzes und Deutschland als einzelner Mitgliedsstaat hat in den letzten Jahren fast immer dabei zugeschaut, wenn Menschen an seinen Grenzen ums Leben kamen. Ob Menschen nun vor Krieg oder Verfolgung fliehen oder ob sie »nur« der Armut entkommen wollen, ob wir sie Flüchtlinge nennen oder Arbeitsmigranten: Welchen Unterschied macht es, wenn es um die Rettung von Menschenleben geht? Wie können wir guten Gewissens dabei zusehen, wie ein Seelenverkäufer nach dem anderen absäuft? Wie verzweifelte Menschen ihr Leben in die Hand von skrupellosen Schleusern geben, ihre letzten Ersparnisse auf die Hoffnung setzen, die vermeintlich sicheren Ufer der EU zu erreichen? Würden wir nicht ähnlich handeln und unser Heil in der Flucht suchen?

Europas Flüchtlingspolitik gehört auf den Prüfstand, gerade weil die Welt näher zusammengerückt ist. Gerade weil wir nicht mehr ohne weiteres sagen können: »Das alles ist ganz weit weg.« Die Krisenherde, die irgendwo auf der Welt lodern, erreichen früher oder später auch uns, und darauf müssen wir reagieren. Nicht, indem wir unisono die Tür zuschlagen, sondern indem wir uns auf die geänderten Umstände einstellen. Ein Fischer aus Lampedusa, der mehrfach Menschen aus dem

Wasser gezogen hat, sagte dem britischen *Guardian* einmal in einem Interview: »Wir sind Fischer und Arbeiter, und wir machen die Arbeit, die Arbeiter tun. Jetzt müssen die Politiker ihren Teil machen. Wir ertragen so viele Tote nicht.«[15]

Die Toten sind das schwerwiegendste Argument, die europäische und damit auch die deutsche Flüchtlingspolitik zu überdenken. Warum ist es so weit gekommen?

Mit diesem Buch wollen wir nicht nur danach fragen, welche politische und rechtliche Verantwortung Deutschland und Europa für Flüchtlinge tragen. Wir wollen auch zurückgehen zu den Ursprüngen. Weil wir aus den Antworten von damals – mit ihren Versäumnissen wie Stärken – auch für die Zukunft lernen können. Wenn man sich vor Augen führt, welchen Ursprung der Flüchtlingsschutz in Europa hat, rückt diese Thematik mit einem Mal ganz nah an uns und unsere Geschichte heran. Zur Zeit der beiden Weltkriege war es Europa, das mit großen Flüchtlingswellen fertigwerden musste. Im Gedenken daran sollten wir uns fragen, wo und warum wir uns heute selbst bei der Bewältigung mancher Probleme im Weg stehen und wo unsere Flüchtlingspolitik an ihre Grenzen stößt. Was sind wir den Flüchtlingen nach unserer Rechtsordnung schuldig, und wo haben wir auch eine moralische Verantwortung, die sich nicht hinter Paragraphen verstecken lässt? Denn letztendlich scheitert Europa heute an den menschenrechtlichen Standards, die es sich selbst einmal gegeben hat. Das darf und muss nicht so bleiben. Auch wenn weltweit Millionen Menschen auf der Flucht sind, mehr als jemals zuvor, kann und muss es eine menschenrechtskonforme, gute und realistische Flüchtlingspolitik geben. Das sind wir Europäer unserer Geschichte und den Flüchtlingen von heute schuldig.

Kapitel 2

Europa auf der Flucht –
Die Entstehung des Flüchtlingsrechts

Asyl: Erstritten, versprochen und gebrochen

Wer war Varian Fry?

In der »neuen Mitte« Berlins, unweit des Potsdamer Platzes mit seinen Glas- und Stahlpalästen, trägt eine Straße den Namen von Varian Fry. Kaum einer der Vorbeigehenden wird wissen, wer dieser Mann war. Und doch wäre es gerade heute, wo an Europas Grenzen wieder unzählige Menschen ihr Leben verlieren, wichtig, sich seiner zu erinnern.

Varian Fry, geboren 1907, war ein US-amerikanischer Journalist und Redakteur, der sich von 1940 an für das »Emergency Rescue Committee« engagierte. Das Komitee war nach der Besetzung Frankreichs von amerikanischen Aktivisten ins Leben gerufen worden, um Menschen, die nach der Machtergreifung der Nazis nach Frankreich geflohenen waren, eine Ausreise in die USA zu ermöglichen. Das Netzwerk versorgte mehr als tausend von der Gestapo verfolgte deutsche Emigranten und Regimegegner mit Geld, Pässen und Visa. Zu den so Geretteten gehörten bekannte Kulturschaffende und Intellektuelle wie die Schriftsteller Alfred Döblin, Lion Feuchtwanger, Heinrich und Golo Mann, der Maler Max Ernst und die Philosophin Hannah Arendt. Im August 1940 reiste Varian Fry nach Marseille, um dort eine großangelegte Hilfsaktion zu leiten. Bis zu seiner endgültigen Abschiebung ein Jahr später rettete er zahllosen Menschen das Leben. In seinen Erinnerungen, die auf Deutsch unter dem Titel »Auslieferung auf Verlangen«[1] erschienen sind und sich wie ein Krimi lesen, beschreibt Fry die zahllosen Tricks, mit denen die Behörden damals erfolgreich getäuscht wurden: Er und seine Helfer kauften für die Flüchtlinge Visa, fälschten oder veränderten

Reisepässe – alles, um bedrohte Menschen vor der Verfolgung zu retten.

Eine seiner Helferinnen war die Österreicherin Lisa Fittko: Gemeinsam mit ihrem Mann Hans führte sie von 1940 bis 1941 zahlreiche Flüchtlinge vom südfranzösischen Banyuls-sur-Mer über steile Weinberge und Geröll durch die Pyrenäen zum spanischen Küstenort Port-Bou.[2] Über weitere Mittelsleute wurden die Flüchtlinge von dort weiter nach Südfrankreich oder Nord- und Südamerika geschleust.

Im Gegensatz zu anderen Schleusern und den meisten heutigen »Menschenhändlern«, die den Flüchtlingen auch ihr letztes Hab und Gut abnahmen, wurden die Fittkos nicht für ihre Dienste bezahlt. Fry und das Emergency Rescue Committee sorgten lediglich für ihren Unterhalt. Für das französische Vichy-Regime – Marionetten der Nationalsozialisten – waren Varian Fry und die Fittkos Straftäter. Ihre Fluchthilfe aus Frankreich war illegal. Fittko entging einer Verhaftung nur durch den Schutz sozialistischer Genossen in der französischen Polizei und lokaler Verwaltungsbehörden; 1941 gelang ihr die Flucht nach Kuba, später siedelte sie in die USA über. Fry, der schon 1940 für kurze Zeit inhaftiert worden war, wurde nach 13 Monaten Tätigkeit im Dienste der Menschlichkeit in seine Heimat ausgewiesen.

Asyl in Europa –
von der heiligen Pflicht zum Mittel der Politik

Die Notwendigkeit, Verfolgten zur Flucht zu verhelfen und ihnen Asyl zu gewähren, erreichte vor allem während und nach dem Zweiten Weltkrieg einen traurigen Höhepunkt. Doch Tausende blieben schutzlos, auch wenn Asyl im europäischen Kulturkreis eine lange Tradition hat. Das Wort »Asyl« hat lateinisch-griechische Wurzeln. Es meint ursprünglich einen Ort, an dem Verfolgte Zuflucht suchen konnten, und das Recht einer religiösen Autorität, diesen Schutz zu gewähren.

In einer Zeit ohne wirksame Rechtsschutzsysteme boten zunächst vor allem Heiligtümer – also Tempel oder andere sakrale Orte – Personen Schutz vor privater wie vor politischer Gewalt. Diesen Schutz konnten sowohl aus ihrer heimatlichen Rechtsgemeinschaft ausgestoßene Fremde in Anspruch nehmen wie auch andere Hilfesuchende, etwa entflohene Sklaven und sogar Verbrecher. Im Tempel oder in anderen heiligen Stätten konnten sie sich der Gewalt ihrer Verfolger zumindest zeitweise entziehen, weil der Schutz durch das Heiligtum höher geachtet wurde als das private Recht.

In der späteren Antike trat der religiöse Charakter des (Tempel-)Asyls zurück hinter den politischen Aspekt: Asyl wurde als Recht eines Staates betrachtet, das gegenüber anderen Staaten geltend gemacht und verteidigt werden konnte. Asyl wurde nun als Inbegriff von Macht und Eigenständigkeit verstanden, als Mittel der Politik statt als heilige Pflicht. Dementsprechend entzündeten sich bis zum Mittelalter am Asylrecht eher Machtkonflikte zwischen weltlichen Herrschern und der Kirche als zwischen den Staaten alleine. Abgeleitet von der Tradition des Tempelasyls bestand das Recht, Asyl zu gewähren, weiterhin als Privileg von Kirche und Klerus. Es gab dem Bischof die Möglichkeit, zugunsten des Verfolgten zu intervenieren. In einer Zeit, in der es kaum kodifizierte Rechtsordnungen gab, war das kirchliche Asylprivileg somit die einzige Garantie für einen gewissen Rechtsschutz. Doch dieses kirchliche Gewohnheitsrecht wurde in der Neuzeit durch die erstarkende zentrale Staats- und Herrschaftsgewalt beschnitten und bestritten – bis es schließlich endgültig staatliches Recht wurde. In diese Zeit fielen auch die ersten großen Flüchtlingsbewegungen, ausgelöst durch die Auseinandersetzung zwischen Anhängern der Reformation und Gegenreformation. Allerdings wurde Asyl damals schon nicht mehr als beliebiges Recht des Aufnahmestaates betrachtet, sondern auch als eine Pflicht, an die ein Verfolgter appellieren konnte.

Dieser Perspektivwechsel erlebte im 19. Jahrhundert eine weitere Schärfung. Staaten begründeten politisches Asyl nicht mehr nur mit ihrer Souveränität, sondern ausdrücklich auch mit ihrem Gastrecht und der Humanität. So erklärte das Osmanische Reich im Streit um die von Russland verlangte Auslieferung ungarischer Flüchtlinge nach dem Ungarn-Aufstand von 1848: »Die Auslieferung der Flüchtlinge, die sich unter den Schutz Seiner Majestät des Sultans gestellt haben, widerspräche nicht nur der Ehre, sondern auch der Menschlichkeit der Regierung Seiner Majestät.«[3] Asyl zu gewähren wurde zu einem hohen Gut, zu dem sich Staaten auch ohne entsprechende Gesetzesgrundlage nicht nur verpflichteten, sondern das sie vor anderen auszeichnete.

Das Asylrecht zwischen den Weltkriegen

Waren über die Zeiten hinweg nur kleine Gruppen oder Einzelpersonen auf Asyl angewiesen, änderte sich dies schlagartig gegen Ende des Ersten Weltkriegs: Allein nach der Oktoberrevolution 1917 flohen anderthalb Millionen russische Bürger ins Ausland, viele von ihnen ohne entsprechende Reisedokumente. 1921 verloren grundsätzlich alle, die nach der Oktober-revolution geflohen waren, die Möglichkeit zu reisen. Denn die Bolschewiki entzogen ihnen kurzerhand die Staatsbürger-schaft. Und so strandeten anderthalb Millionen Illegale in den Nachbarländern – ohne die diplomatische Hilfe ihres einstigen Heimatstaates in Anspruch nehmen zu können. So ging es auch den Armeniern, die in den zwanziger Jahren vor den Pogromen in der Türkei flohen.

Der Völkerbund reagierte 1922 auf einen Appell des Inter-nationalen Roten Kreuzes und ernannte den norwegischen Po-larforscher Fridtjof Nansen zum Hochkommissar für Flücht-lingsfragen. Nansen sollte sich gezielt der Probleme russischer und armenischer Flüchtlinge annehmen. Doch sein Mandat wurde bereits 1928 auf andere Flüchtlinge ausgedehnt, die in vergleichbaren Schwierigkeiten steckten. Der Rechtsschutz für sie wurde zu jener Zeit vor allem durch sogenannte Arrange-ments abgesichert – von den Staaten unterzeichnete Verträge mit dem Hochkommissar. Nur wenn ein solches Arrangement bestand, konnte Nansen die ersten internationalen Flüchtlings-ausweise der Geschichte ausstellen, die den Namen »Nansen-Pässe« trugen.

Als Deutschland mit der Machtübernahme der Nationalso-zialisten 1933 aus dem Völkerbund austrat, wurde neben dem Nansen-Amt in Lausanne ein Hochkommissariat für Flüchtlin-ge aus Deutschland eingerichtet. Beide Stellen waren – im Ge-gensatz zum heutigen Hohen Flüchtlingskommissar der Ver-einten Nationen (UNHCR) – nur für bestimmte Gruppen von Flüchtlingen zuständig. In den Verträgen, die die Rechtsgrund-lage für ihre Tätigkeit bildeten, wurde der Begriff »Flüchtling« vor allem daran festgemacht, ob die Betroffenen aus einem bestimmten Staat stammten (Russland, Osmanisches Reich,

Deutsches Reich), sich im Ausland befanden und dort ohne den (diplomatischen) Schutz des Heimatlandes (bzw. dessen Nachfolgestaat wie im Falle des einst zaristischen Russland) auskommen mussten.

Nicht die *Fluchtursache* war somit bestimmend, sondern das *Herkunftsland* und die gegenwärtige *Schutzbedürftigkeit* des Flüchtlings.

Die deutsche Emigration während des »Dritten Reichs«

An dieser Stelle kehren wir zu Varian Fry und dem Ehepaar Fittko zurück. Vor der Verfolgung durch die nationalsozialistische Diktatur flohen zwischen 1933 und 1945 mehr als 836 000 Menschen aus Deutschland.[4] Der antisemitischen Ausgrenzungspolitik und der planmäßigen Vernichtung im Holocaust entkamen nach Schätzungen zwischen 450 000 und 600 000 deutschsprachige Juden aus Mitteleuropa. Aus ihren ersten Zufluchtsländern vor allem in Westeuropa wanderten mehr als die Hälfte von ihnen nach Übersee weiter – hauptsächlich in die USA, wo zwischen 1941 und 1945 über 30 000 deutsch-jüdische Flüchtlinge ankamen. Brasilien soll rund 13 000 jüdische Flüchtlinge aufgenommen haben. Andere flohen auf direktem Wege aus Deutschland nach Palästina.

Zu den wegen ihrer Religion, Abstammung oder Sexualität verfolgten Flüchtlingen kamen Führungspersönlichkeiten, Funktionäre und einfache Mitglieder von Parteien und Gruppierungen, die sich gegen das Hitler-Regime stellten – zum Beispiel Sozialdemokraten und Kommunisten. Vor den verschiedenen Verhaftungswellen sollen sich bis zum Beginn des

Zweiten Weltkriegs bis zu 30 000 Regimegegner aus Deutschland, Österreich und den deutschsprachigen Gebieten der Tschechoslowakei in Sicherheit gebracht haben; je nach Frontverlauf zunächst in die Beneluxstaaten, nach Frankreich oder Großbritannien, aber auch in die Sowjetunion, nach Schweden oder in die Schweiz.

Nach dem »Anschluss« Österreichs im Jahr 1938 ergriff US-Präsident Roosevelt die Initiative zu einer internationalen Tagung. Die Vertreter von 32 Staaten sollten eine Einigung darüber erzielen, wie die Ausreise der Flüchtlinge aus Deutschland und Österreich erleichtert und in geordnete Bahnen gelenkt werden könnte. Die Ergebnisse der Tagung im französischen Évian-les-bains im Juli 1938 enttäuschten allerdings: Die Regierungen waren mehrheitlich nicht bereit, ihre restriktive Einwanderungsgesetzgebung zu ändern und die Aufnahmekapazitäten für die deutschen Flüchtlinge zu erhöhen. Selbst die USA behielten ihre Immigrationsquoten bei. Einziges konkretes Ergebnis war die Gründung eines »Intergovernmental Committee on Refugees«, das in Abstimmung mit NS-Deutschland die Modalitäten der jüdischen Auswanderung regeln sollte. Zumindest auf dem Papier. Tatsächlich blieben die Verhandlungen mit potenziellen Aufnahmestaaten im Wesentlichen ergebnislos. Indirekte Folge der Konferenz von Évian war, dass sich die nationalsozialistischen Machthaber in Deutschland in ihrer antisemitischen Politik bestätigt fühlen konnten – weil sich offenbar auch kein anderer Staat der verfolgten jüdischen Menschen annehmen wollte oder die Hürden für eine Aufnahme so hoch schraubte, dass nur wenige Verfolgte sie erfüllen konnten.

Der Einsatz von engagierten Menschen wie Varian Fry und

heute senden wir ebenfalls die falschen Signale

Lisa Fittko war letztlich erst notwendig geworden, weil die internationale Gemeinschaft auf ganzer Linie versagt hatte. Erschütternde Szenen müssen sich etwa an der Schweizer Grenze abgespielt haben, wo Menschen kalt zurückgewiesen oder gar wieder ans Deutsche Reich überstellt wurden. Danach war der Weg meist vorgezeichnet, er führte in den Tod. Wer entgegen der klaren Anweisung handelte, deutsche Flüchtlinge nicht einreisen zu lassen, wurde strafrechtlich verfolgt – wie der Schweizer Polizist Paul Grüninger, der über 3000 deutsche Juden über die Grenze gelassen hatte. Er handelte sich ein Strafverfahren ein und wurde ohne Pensionsansprüche unehrenhaft auf dem Polizeidienst entlassen. Was den Umgang mit Flüchtlingen und Verfolgten während der akuten Phase des Zweiten Weltkriegs anging, hat sich kaum eine Nation mit Ruhm bekleckert.

Die Alliierten und die »Displaced Persons«

Repatriierung als Hauptziel

Zum Ende des Zweiten Weltkriegs kam ein neues »Problem« hinzu. Im Mai 1945 befanden sich in den drei westdeutschen Besatzungszonen rund 13 Millionen Ausländer (Angehörige der alliierten Streitkräfte nicht mitgezählt) – Franzosen, Russen, Polen, Belgier, Niederländer, Jugoslawen, Italiener, Esten, Letten und Litauer.[5] Sie alle waren entweder Kriegsgefangene oder vom Deutschen Reich zwangsrekrutierte ausländische Arbeitskräfte, die an der »Heimatfront« und in den besetzten Gebieten die Kriegsmaschinerie in Gang hatten halten sollten, indem sie in der Landwirtschaft und in Fabriken

[Handschriftliche Randnotiz: Zwangs- rekrutiek Ausländer in Nazi- Deutschland]

34

schufteten. Nun wurden diese Vertriebenen als *Displaced Persons (DPs)* bezeichnet und waren der »Ausländerpolitik« der Besatzungsmächte unterworfen.

Die Alliierten machten schon früh von ihrer Kompetenz Gebrauch, Regelungen zum Verkehr innerhalb sowie zum Aufenthalt in ihren Besatzungszonen zu erlassen. Vor allem versuchten sie, die im ganzen Land verstreuten *Displaced Persons* an weiteren Wanderungen zu hindern und an Ort und Stelle in überschaubaren und nach Nationalitäten geordneten Gruppen zusammenzufassen und in Aufnahmelagern unterzubringen.

Alle Maßnahmen der Besatzungsbehörden hatten sich an einem wichtigen Ziel der alliierten Politik auszurichten: Befreiung, Versorgung und schließlich so weit wie nur irgend möglich Repatriierung der *Displaced Persons*. Mit anderen Worten: sie in ihre ursprünglichen Herkunftsländer zurückzuschicken. Dementsprechend begrenzten die alliierten Militärbehörden nicht nur restriktiv den Zuzug zu ihren jeweiligen Besatzungszonen, sondern sie wollten auch die rasche Rückkehr von nicht deutschen Staatsangehörigen in ihre jeweiligen Herkunftsstaaten in die Wege leiten. An diesem Ziel hatte sich auch die Tätigkeit der für die *DPs* wichtigsten internationalen Hilfsorganisation zu orientieren: der »United Nations Relief and Rehabilitation Administration« (UNRRA). 1943 gegründet, war UNRRA insbesondere zuständig für alle, die von den Achsenmächten deportiert worden oder wegen der Verfolgung durch Nazi-Deutschland aus ihren Heimatländern geflohen waren.

In den ersten Monaten der Besatzung erwarteten die Militärs eine schnelle Repatriierung aller *DPs*. Man nahm an, die Verschleppten würden sich rasch auf den Weg in ihre Heimat machen. Diese Erwartungen schienen sich zunächst auch zu erfül-

[handschriftliche Notiz am Rand:] DPs sollten umgehend wieder abgeschoben werden

len: Allein zwischen Mai und Ende September 1945 kehrten 8,5 Millionen Menschen aus den befreiten Gebieten Europas in ihre Heimat zurück, davon rund 6 Millionen unter Beteiligung der UNRAA. Vor allem die Rückkehr in die westeuropäischen Staaten ließ sich ohne größere Probleme durchführen und stockte, wenn überhaupt, eher wegen logistischer Probleme denn wegen politischer Hindernisse. Zu einem erheblichen Teil erfolgte sie auf eigene Faust und nicht im Rahmen organisierter Rückkehrprogramme. Doch schon im Herbst 1945 nahm die Zahl der Heimkehrer ab, aus dem »Strom« der Repatriierten wurde ein »Rinnsal«.

Insbesondere die Zahl der nach Osteuropa und in die Sowjetunion Zurückkehrenden blieb hinter den alliierten Erwartungen zurück. Obwohl die Sowjetunion auf der raschen Rückkehr ihrer Staatsangehörigen bestanden hatte, nicht zuletzt um das Entstehen einer größeren Exilopposition zu verhindern. Die westlichen Alliierten waren ebenfalls daran interessiert, diese Menschen schnell loszuwerden, zu gewaltig schienen die Probleme, die mit ihrer Unterbringung und Versorgung einhergingen. Dementsprechend sahen mehrere Verträge die Möglichkeit vor, *DPs* notfalls auch gegen ihren Willen zu repatriieren. Bis zum 1. Juli 1947 wurden über 2,1 Millionen Menschen in die Sowjetunion zurückgeführt; sogar dann, wenn sie bei ihrer Rückkehr Gefahr liefen, als politische Gegner oder (angebliche) Kollaborateure Nazi-Deutschlands politisch verfolgt zu werden. Auch in andere Staaten Osteuropas wurden Menschen gegen ihren Willen abgeschoben, so zum Beispiel über 600 000 Menschen nach Polen.

Schon bald regte sich erheblicher Widerstand unter den *DPs* gegen die Zwangsrepatriierungen. Ukrainer, die nach Polen oder in die Sowjetunion abgeschoben werden sollten, hatten

36

schon im Sommer 1945 die erste »Selbsthilfegruppe« ausländischer Flüchtlinge im Nachkriegsdeutschland gegründet: Das »Ukrainian Central Committee« organisierte verschiedene Protestaktionen und formulierte Eingaben, so dass die Besatzungsbehörden schließlich gezwungen waren, die ukrainischen *DPs* in eigene Lager zu verlegen – eine Präventivmaßnahme, um zu verhindern, dass sie *DPs* anderer Nationalitäten mobilisierten. Genutzt hat das wenig, Proteste gegen die Repatriierung erhoben sich auch unter baltischen und polnischen *Displaced Persons*.

Der Widerstand der Betroffenen, aber auch logistische Probleme sowie der aufziehende Kalte Krieg führten schließlich dazu, dass die Westmächte schon bald ihre strikte Repatriierungspolitik aufgaben. Formell beendet wurde die Repatriierung im Februar 1946 durch einen Beschluss der UN-Generalversammlung. Wer gültige Einwände *(valid objections)* gegen die Rückkehr in seinen Herkunftsstaat geltend machen konnte, sollte nicht mehr dorthin abgeschoben werden. Die Zeit der großen Rückführungsbemühungen war vorüber – und damit war auch die UNRAA bedeutungslos geworden.

Aus Vertriebenen werden »Flüchtlinge«

Neben Zwangsarbeitern und Kriegsgefangenen stellte auch eine andere Gruppe die Alliierten vor Herausforderungen: die Millionen Deutschstämmige, die von 1944 an aus den Ostgebieten des Deutschen Reichs vertrieben worden oder aus Angst vor der Roten Armee gen Westen geflohen waren. Bis Kriegsende waren es bereits 3,5 Millionen Menschen, eine enorme Fluchtwelle von Ost nach West.

Mit dem Segen auch der westlichen Alliierten, die den »Bevölkerungstransfers« bei einer Konferenz im Sommer 1945 im Potsdamer Schloss Cecilienhof zugestimmt hatten, stieg die Zahl noch einmal deutlich an. Insgesamt wurden mehr als 11 Millionen Deutschstämmige aus ihrer Heimat vertrieben[6] – so viele, dass heute einer von drei Deutschen entweder selbst unter den Vertriebenen war oder ein Kind oder Enkel eines Vertriebenen ist.

In Deutschland angekommen, wurden die Vertriebenen keineswegs mit offenen Armen empfangen. Man hatte selbst schließlich kaum etwas, sollte nun teilen oder heimatlos gewordene Menschen aufnehmen. Auch die NS-Propaganda gegen die angeblich minderwertigen Menschen »aus dem Osten« hallte noch nach. Ausgerechnet die deutschen Vertriebenen hatten damals mit der deutschen Angst vor »Überfremdung« zu kämpfen.[7] Doch die UNRAA half auch ihnen, obwohl sie gar nicht unter deren Mandat fielen und damit von der internationalen Hilfe ausgenommen waren.

Mit dem Ende der UNRAA bedurfte es einer Organisation, die sich um die Versorgung auch dieser *Displaced Persons* sowie neuer Flüchtlinge kümmerte. Zu diesem Zweck beschloss die UN-Generalversammlung die Gründung der »International Refugee Organisation« (IRO). Als Flüchtling *(refugee)* galt hiernach insbesondere eine Person, die sich aufgrund der Ereignisse des Zweiten Weltkriegs außerhalb des Landes ihrer Staatsangehörigkeit oder ihres angestammten Aufenthaltsortes befand und den Schutz ihrer Heimatregierung nicht in Anspruch nehmen konnte oder wollte.

Ergänzend bestimmte das Statut, dass auch solche Personen den Schutz der IRO genießen sollten, die »gültige Einwände« gegen ihre Rückkehr in den Herkunftsstaat vorgebracht hatten. Als

solche galten »Verfolgung oder begründete Furcht vor Verfolgung, aufgrund von Rasse, Religion, Nationalität oder politischer
Überzeugung, vorausgesetzt, die Überzeugung steht nicht im Widerspruch zu den Prinzipien der Vereinten Nationen«. Im Wesentlichen wurden somit jene Gruppen, die bisher von der UNRRA
betreut worden waren, nun unter das Mandat der IRO genommen.

Dazu gehörten auch diejenigen, die nach 1945 aus ihren
Herkunftsstaaten geflohen waren. Gegen den Widerstand der
Sowjetunion sahen die westlichen Staaten und ihnen folgend
auch die IRO-Gremien vor allem Flüchtlinge aus Osteuropa
als Personen an, die »gute Gründe« gegen ihre Repatriierung
geltend machen konnten. Zunächst wurden diese nun als
»Flüchtlinge« bezeichneten Menschen vor allem nach Kanada
und Australien umgesiedelt. Schließlich nahmen auch die
USA großzügig Flüchtlinge auf – jeder vierte der vertriebenen
Flüchtlinge reiste in die Vereinigten Staaten aus.

Auf der Asche des Krieges:
Die Genfer Flüchtlingskonvention entsteht

Die Flucht geht weiter

1948 gab sich die internationale Staatengemeinschaft mit der
Allgemeinen Erklärung der Menschenrechte eine Art neues
Grundsatzdokument – nicht rechtlich, aber doch moralisch
verbindlich: Die Schrecken des Krieges und das Bestreben,
künftig Verbrechen wie den Holocaust zu verhindern, lassen
sich in der Erklärung nicht nur zwischen den Zeilen lesen; die
Präambel erinnert daran, dass »die Nichtanerkennung und Ver-
achtung der Menschenrechte zu Akten der Barbarei geführt

haben, die das Gewissen der Menschheit mit Empörung erfüllen«. Die Erklärung erkannte an, dass jeder »vor Verfolgung Asyl suchen und genießen« könne. Dazu gehörte auch das von der Sowjetunion argwöhnisch beäugte Recht, jedes Land, einschließlich des eigenen, verlassen zu können.

Die Allgemeine Erklärung der Menschenrechte reagierte damit auf die Tatsache, dass mit dem Ende des Zweiten Weltkriegs Flucht und Vertreibung nicht aufgehört hatten. Kaum waren die letzten Vertriebenen umgesiedelt, begaben sich in Europa und Asien weitere Menschen auf die Flucht – durch den griechischen Bürgerkrieg und die Teilung Britisch-Indiens. Vor diesem Hintergrund wurde über einen neuen Vertrag verhandelt, den wir heute als »Genfer Flüchtlingskonvention« kennen. Die eher fragmentarischen früheren Regelungen sollten nun durch einen großen Konventionstext abgelöst werden. Die am 28. Juli 1951 von der UN-Generalversammlung verabschiedete Genfer Flüchtlingskonvention enthält eine Definition von Flüchtling, die noch heute gilt. Demnach handelt es sich um eine Person, die »sich aus begründeter Furcht vor Verfolgung wegen ihrer Rasse, Religion, Nationalität, Zugehörigkeit zu einer bestimmten sozialen Gruppe oder wegen ihrer politischen Überzeugung außerhalb des Landes befindet, deren Staatsangehörigkeit sie besitzt, und den Schutz dieses Landes nicht in Anspruch nehmen kann oder wegen dieser Befürchtungen nicht in Anspruch nehmen will«. Die Anlehnung an die »gültigen Einwände«, die unter dem Statut der IRO gegen die Repatriierung geltend gemacht werden konnten, ist unübersehbar. Die Flüchtlingskonvention sollte diejenigen schützen, die nicht mehr heimkehren wollen oder können, weil sie dort aus politischen, sozialen oder religiösen Gründen Gefahr zu befürchten haben.

Unter den damaligen Umständen passte diese Definition auf viele, die durch den Zweiten Weltkrieg vertrieben worden waren – nicht aber auf diejenigen, die bereits ein neues »Zuhause« gefunden hatten: die Deutschstämmigen aus den früheren Ostgebieten des Deutschen Reichs oder die Italiener, die nach dem Ende der Kolonialisierung aus Libyen nach Italien zurückgekehrt waren. Abgesehen davon enthält die Definition an sich bereits einige Hürden: Der Status des Flüchtlings erfordert dessen Aufenthalt im Ausland, das Risiko einer Verfolgung und einen bestimmten Grund für die Verfolgung.

Doch damit nicht genug. Einige Staaten wollten sich nicht auf einen Vertrag festlegen, der auch für Menschen galt, deren Flucht mit dem Zweiten Weltkrieg nichts zu tun hatte. Die Genfer Flüchtlingskonvention enthielt daher zunächst eine zeitliche Beschränkung: sie galt nur für Personen, die sich bedingt durch Ereignisse, die vor dem 1. Januar 1951 stattgefunden hatten, außerhalb ihres Herkunftslandes befanden. Wenn sie wollten, konnten die unterzeichnenden Staaten diese Ereignisse zudem auf Europa beschränken und damit alle, die aus anderen Ländern kamen, vom Flüchtlingsschutz ausschließen.

Wenn die Genfer Flüchtlingskonvention eines war, dann ein eurozentrischer Kompromiss. Profitieren von ihr konnten vor allem Europäer. Denjenigen, die unter die Definition von Flüchtling fielen, gewährte man großzügige Rechte. Sie orientierten sich an der misslichen Lage, in der sich ein Flüchtling im Ausland befand. Flüchtlinge durften nicht aufgrund ihrer Rasse, Religion oder ihres Herkunftslandes diskriminiert werden, sie genossen das Recht auf Eigentum, Zugang zu Gerichten, Versammlungsfreiheit, Zugang zum Arbeitsmarkt, zum Gesundheits- und Bildungssystem.

Doch die Konvention verlangte oft genug nur, dass Flüchtlinge nicht schlechter gestellt werden dürften als »Ausländer in einer vergleichbaren Situation«. Einige Rechte waren erst gültig, wenn der Aufenthalt in der Fremde »rechtmäßig« war. Kurzum: die Konvention regelte die Rechtsstellung von Flüchtlingen, ließ aber Spielraum auch für eine restriktive Auslegung.

Die Genfer Flüchtlingskonvention verpflichtete die Vertragsstaaten auch dazu, Flüchtlinge nicht in Gebiete auszuweisen oder zurückzuweisen, in denen ihr Leben oder ihre Freiheit wegen ihrer Rasse, Religion, Staatsangehörigkeit, Zugehörigkeit zu einer besonderen sozialen Gruppe oder ihrer politischen Überzeugung gefährdet war. Zu einer *Aufnahme* eines Flüchtlings verpflichtete die Konvention damit zwar auf den ersten Blick nicht. Doch das Verbot der Zurückweisung (*non-refoulement,* vom französischen *refouler* für »zurückweisen«) kann zur Folge haben, dass ein Staat einen Flüchtling aufnehmen muss: Kommt der Flüchtling direkt aus einem Staat, in dem er Verfolgung fürchtet, darf er dorthin nicht zurückgeschickt werden. Gleiches gilt, wenn nicht gewährleistet ist, dass ein anderer Staat den Flüchtling vor Abschiebung dahin schützt, wo ihm Verfolgung droht. Diese Verpflichtung entsteht, sobald eine Person unter die Flüchtlingsdefinition der Konvention fällt, und hält so lange an, wie das Risiko der Verfolgung im Heimatland weiterbesteht.

Die Flüchtlingskonvention bricht mit dem Vorherigen

Die Genfer Flüchtlingskonvention war bereits zum Zeitpunkt ihrer Unterzeichnung 1951 ein Anachronismus: Beschränkt auf Ereignisse vor dem Stichtag 1. Januar 1951, war sie vor allem für diejenigen von Bedeutung, die im Zuge beziehungsweise Nachklang des Zweiten Weltkriegs geflohen waren. Doch gegenüber den Regelungen, die es bis dahin gegeben hatte, war die Genfer Flüchtlingskonvention trotzdem eine Zäsur. Sie brach in mehrerlei Hinsicht mit den bisherigen internationalen Antworten auf Flucht und Vertreibung:

Erstens wurde mit ihr eine Definition von Flüchtling geschaffen, die sich nicht mehr nur auf dessen Herkunft bezog, sondern auf alle Menschen, die aus diskriminierenden Gründen Verfolgung zu fürchten hatten.

Zweitens griff sie – zumindest ein Stück weit – in die schon damals von den Staaten sorgfältig gehütete Befugnis ein, selbst darüber entscheiden zu können, ob sie eine Person einreisen lassen oder nicht. Wem Verfolgung droht, der darf nach dem Wortlaut der Konvention nicht an den Ort der Bedrohung zurückgeschickt werden. Das ist nicht so viel, wie man nach der Lektüre der Allgemeinen Erklärung der Menschenrechte hatte erwarten können – aber es ist viel mehr, als die bisherigen Vereinbarungen hergegeben hatten. Vielleicht war die Konvention kurzsichtig, blind war sie nicht.

Drittens spiegelten die Verfolgungsgründe – Rasse, Religion, Nationalität, politische Überzeugung oder Zugehörigkeit zu einer besonderen sozialen Gruppe – alle damals denkbaren Formen von Diskriminierung wider. Aus heutiger Sicht mögen manche Diskriminierungsgründe nicht mehr zeitgemäß wirken, insbesondere der Rasse-Begriff ist glücklicherweise überholt. Aus damaliger Sicht war die Liste jedoch modern, vor allem, was die Zugehörigkeit zu einer »besonderen sozialen Gruppe« angeht. Eine Formulierung, die der schwedische Delegierte während der Verhandlungen buchstäblich in letzter Minute vorgeschlagen hatte.

43

Einwände dagegen gab es nicht. Die »besondere soziale Gruppe« wurde schon damals zum Auffangkriterium für Arten der Diskriminierung, die durch die Begriffe Rasse, Religion, Nationalität oder politische Überzeugung nicht abgedeckt waren.

Die spröde, juristische Sprache der Konvention lässt ihre enorme politische Dimension fast vergessen: Hier wurde ein Flüchtling in einem völkerrechtlichen Vertrag als Person behandelt, die nicht länger der Willkür der Behörden ausgeliefert war. Ein Flüchtling war nicht mehr nur willenloses Objekt staatlichen Handelns, sondern Subjekt: Er oder sie hatte Ansprüche, die er geltend machen konnte. Was für ein Fortschritt gegenüber früheren Zeiten, in denen einem Wort Hannah Arendts zufolge »der Verlust der Heimat und des politischen Status identisch [war] mit der Ausstoßung aus der Menschheit überhaupt«.

Indem sie Flüchtlingen Rechtsansprüche übertrug, machte die Konvention klar, dass ein Flüchtling mehr ist als ein erbarmungswürdiges Wesen, das auf die Gnade anderer hoffen muss. Die Bestimmungen der Konvention sollten dafür sorgen, dass Menschen ihre Fähigkeiten und Kenntnisse nutzen können – um ihrer selbst willen, aber auch im Interesse des Aufnahmelandes und seiner Gesellschaft. Der UN-Flüchtlingshochkommissar brachte das auf einem Plakat mit dem Foto Albert Einsteins in zwei Sätzen so zum Ausdruck: »Ein Flüchtling bringt mehr als ein Bündel Habseligkeiten in sein neues Land. Einstein war ein Flüchtling.«[8]

Gleichwohl lag es der Genfer Flüchtlingskonvention fern, Flüchtlinge an ihrem Leistungspotenzial zu messen. Flüchtlinge erhielten Schutz, weil ihnen in ihrem Heimatstaat entschei-

44

[handschriftliche Notiz links:] Genfer Flüchtl. Konvention gibt Flüchtl. Rechte und holt sie in die Gesellschaft zurück

[handschriftliche Notiz unten:] Flüchtlinge sollen einerseits nicht als Last und Opfer, sondern auch als Chance gesehen werden, andererseits aber nicht nur unter der Voraussetzung des Nutzens aufgenommen werden. (Sehr aktuelle Problematik)

dende Rechte verwehrt wurden, ihnen Verfolgung und Diskriminierung drohten.

Insofern war die Genfer Flüchtlingskonvention also nicht nur ein Anachronismus, sondern auch ein großer Fortschritt. Und noch etwas war schon damals deutlich: Sollte ihre zeitliche Beschränkung auf Ereignisse vor 1951 wegfallen, könnte die Konvention zu einer Blaupause für einen universalen Flüchtlingsvertrag werden.

Fassen wir noch einmal zusammen: Der Flüchtlingsschutz von heute hat seinen Ursprung vor allem in der Flucht und Vertreibung während und nach dem Zweiten Weltkrieg. Unmittelbar nach dem Krieg hatten die westlichen Alliierten gemerkt, dass sie Vertriebene und *Displaced Persons* kaum alle gegen ihren Willen in ihre Heimatländer zurückschicken konnten – weil ihnen dort Elend oder Verfolgung drohte. Vielen der ins ehemalige Deutsche Reich verschleppten ausländischen Zwangsarbeiter und Opfer des Holocaust ermöglichte man in Übersee einen Neuanfang. Den deutschstämmigen Vertriebenen aus den ehemaligen Ostgebieten des Deutschen Reichs wurde internationale Hilfe zuteil, damit sie in Deutschland Fuß fassen konnten.

Zuvor war die Staatengemeinschaft an den humanitären Herausforderungen durch den Zweiten Weltkrieg und den Holocaust gescheitert: Ein Recht, im Ausland Schutz zu suchen und zu erhalten, hatte es nicht gegeben. Diese restriktive Politik bezahlten Tausende Flüchtlinge mit ihrem Leben. Die noch heute gültige Genfer Flüchtlingskonvention reagierte auf ebendieses Versagen der Staatengemeinschaft.

Wir Deutschen stehen einmal mehr in besonderer Verantwortung: Auch weil die Mehrzahl von uns auf eigene Fluchterfahrungen in der Familie zurückblicken kann. Der Flüchtlingsschutz war eine Antwort auf das Leid der vom Krieg vertriebenen und entwurzelten Europäer. Unsere Erfahrungen sollten uns gleichzeitig Auftrag sein für den Flüchtlingsschutz von heute: Einst flohen wir, jetzt sind es die anderen.

Kapitel 3

Eine Welt auf der Flucht –
Flüchtlingsschutz weltweit unter Druck

Von Europa nach Afrika nach Europa

Der Feind deines Feindes ist dein Freund: Flüchtlingspolitik und Ost-West-Konflikt

Der Vertragstext der Genfer Flüchtlingskonvention, unter den
die 19 staatlichen Vertreter ihre Unterschrift gesetzt hatten,
hatte es in sich: Zwar schuf er eine Flüchtlingsdefinition, die
auf die Ereignisse des Zweiten Weltkriegs und auf Europa beschränkt war. Doch sollten diese Beschränkungen später aufgehoben werden. Bis es so weit war, gingen einige Jahre ins
Land, in denen die Genfer Flüchtlingskonvention relativ bedeutungslos war.

Denn viele damalige Flüchtlinge ließen sich auch ohne Konvention passabel als Opfer des einen oder anderen konkurrie-
renden politischen Systems in Szene setzen: wahlweise als
Freiheitskämpfer für den liberalen, kapitalistischen Westen, als
Opfer sowjetischer Unterdrückung und wirtschaftlicher Ent-
eignung oder umgekehrt als Opfer des westlichen Imperialis-
mus. Nach der deutschen Teilung galt die Flucht von Menschen aus den Staaten des Warschauer Paktes in den Westen als
»Abstimmung mit den Füßen« und war aus Sicht der Bundesrepublik ein deutlicher Beweis für die Überlegenheit des eigenen Systems. Und diejenigen, die ihrer Heimat im Zuge der
ersten beiden großen Fluchtwellen während des Ost-West-
Konflikts den Rücken kehrten, konnten auf westliche Sympa-
thie zählen: Nach dem ungarischen Volksaufstand 1956 flohen
über 200 000 Menschen über Österreich in den Westen, nach
der Niederschlagung des »Prager Frühlings« 1968 waren es
über 150 000. Die politische Motivation ihrer Flucht wurde nie
in Frage gestellt.

Die Brille des Ost-West-Konflikts ließ auch bei späteren Flüchtlingskrisen außerhalb Europas relativ einfache Deutungen zu: In Nordafrika wollte die Kolonialmacht Großbritannien dem Südsudan unter anderem deswegen keine Autonomie vom Nordsudan zusichern, um es nicht den Kommunisten preiszugeben. Im sudanesischen Bürgerkrieg zwischen dem Norden und Süden flohen bis 1972 Hunderttausende in andere Gebiete innerhalb des Landes und über die Grenzen in die Nachbarstaaten.

Die 200 000 »Boat People«, die von 1979 bis 1982 in überfüllten Booten aus Vietnam flohen, kehrten aus westlicher Sicht einem Land den Rücken, dem die Kommunisten mit ihrer Kollektivierung der Wirtschaft den Todesstoß verpasst hatten. Es war wohl weniger die humanitäre Not als dieser politische Anknüpfungspunkt, der westliche Staaten dazu brachte, die »Boat People« aufzunehmen. Die USA, Kanada, Frankreich, Australien und die Bundesrepublik Deutschland gewährten jeweils mehreren zehntausend Vietnamesen Asyl. Die Staaten riefen in Zusammenarbeit mit dem UN-Flüchtlingshilfswerk sogar ein Programm ins Leben, das Vietnamesen die direkte Ausreise in ein westliches Industrieland ermöglichte.

Die größte Flüchtlingskrise jener Zeit des Kalten Krieges ereignete sich allerdings in Afghanistan, wo die sowjetische Armee 1979 einmarschiert war, um ein Moskau-freundliches Regime an der Macht zu halten. In den achtziger Jahren war zeitweise jeder vierte Flüchtling weltweit Afghane. Die meisten von ihnen kamen im benachbarten Pakistan unter; das Land, ein Verbündeter der USA, hat die Genfer Flüchtlingskonvention nie unterzeichnet. In Pakistan lebten die Flüchtlinge vor allem in grenznahen Camps, wo sie vom Flüchtlingshilfswerk der Vereinten Nationen (UNHCR) versorgt wurden.

Der UNHCR konnte mit satter Finanzhilfe aus dem Westen rechnen, der Instabilität stets auch als möglichen Nährboden für Kommunismus betrachtete. Nahezu das gesamte Budget des UNHCR speiste sich aus westlichen Geldern.[1] Im Iran, wohin fast genauso viele Afghanen geflohen waren wie nach Pakistan, kam dagegen keine Hilfe an, weil der Westen die Islamische Revolution von 1979 mit Argwohn betrachtete. Dass der Iran seinerseits Hilfsmaßnahmen von außen skeptisch gegenüberstand, weil er darin eine westliche Einmischung sah, tat ein Übriges.[2]

Ein aus westlicher Sicht willkommener Nebeneffekt der humanitären Bemühungen war, dass einige der Flüchtlinge aus Pakistan als »Mudschaheddin« in ihre Heimat Afghanistan zurückkehrten, um gegen die sowjetische Armee zu kämpfen – die militärische Ausbildung fand in den Flüchtlingscamps statt. Dem UN-Flüchtlingshilfswerk fehlten die Möglichkeiten, diesen Missbrauch zu unterbinden. So stand die UN-Behörde vor dem Dilemma, die Durchmischung mit Zivilisten und Kämpfern zu dulden oder die Camps zu schließen. Doch das hätte auch das Wohlbefinden, wohlmöglich sogar das Leben von Hunderttausenden Menschen, die auf die Unterstützung des Hilfswerks angewiesen waren, gefährdet.

Afrikas Unabhängigkeitskriege und das blinde Recht

Auch wenn die Blockbildung zwischen Ost und West in einigen Fällen die Aufnahmebereitschaft von Flüchtlingen und in anderen die humanitäre Hilfe für Flüchtlinge erklären kann: Das Entstehen der meisten Konflikte, die während dieser Phase Fluchtwellen auslösten, erklärt er nicht.

In ganz Afrika entstanden bewaffnete Konflikte im Zuge der Entkolonialisierung. Der Krieg um Frankreichs gewaltsamen Versuch, Algerien im Staatenverbund mit Frankreich zu halten, ließ ab 1954 Tausende nach Marokko und Tunesien fliehen. Tunesien forderte die Unterstützung des UN-Flüchtlingshilfswerks an, weil es die Versorgung der Algerier nicht alleine schultern konnte. Der UNHCR half tatsächlich, obwohl die Algerier keine Flüchtlinge im Sinne der Genfer Konvention waren – sie flohen vor dem Krieg anstatt vor Verfolgung aufgrund einer der Merkmale in der Konvention: Rasse, Religion, Nationalität, politische Überzeugung oder Zugehörigkeit zu einer besonderen sozialen Gruppe. Doch Pragmatismus siegte über den starren rechtlich abgesicherten Flüchtlingsbegriff.

Anfang der sechziger Jahre schließlich gab die UN-Generalversammlung dem Flüchtlingshilfswerk offiziell seinen Segen, künftig in allen Krisen solcher Art tätig zu werden – unabhängig vom rechtlichen Flüchtlingsbegriff. Seit dem Bürgerkrieg im Sudan konnte das UN-Flüchtlingshilfswerk sich sogar für Vertriebene einsetzen, die gar keine internationale Grenze überquert hatten, sondern im eigenen Land auf der Flucht waren.

Auch im südlichen Afrika waren es vor allem die Unabhängigkeitskriege, die Fluchtbewegungen innerhalb der Landesgrenzen und über sie hinaus auslösten: etwa in Mosambik, Namibia, Simbabwe und Angola. In Angola hielten die USA, Südafrika und die Sowjetunion den seit 1975 wütenden Bürgerkrieg am Leben, indem sie die angolanische Regierung beziehungsweise das »Mozambik Resistance Movement« unterstützten. Hundertausende flohen vor den Kämpfen in die Nachbarstaaten.

In Westafrika wiederum führten Sezessionsbewegungen in Nigeria und dem Senegal seit den siebziger Jahren erst zu Vertreibungen innerhalb der Landesgrenzen und dann zu grenzüberschreitenden Fluchtbewegungen. Flucht und Vertreibung hatten sich aus Europa längst in die neu entstandene »Dritte Welt« des blockfreien globalen Südens verlagert. Sowohl die Herkunftsländer der Flüchtlinge als auch die Länder, in denen sie Schutz suchten, lagen jetzt außerhalb Europas.

Erst 1967 passte sich das internationale Recht an diese veränderte Situation an: Die Staaten verabschiedeten ein Protokoll zur Genfer Flüchtlingskonvention, mit der die zeitliche und räumliche Beschränkung auf Europa und Folgeereignisse des Zweiten Weltkriegs aufgehoben wurde. Doch auch dieses Protokoll hielt daran fest, dass nur derjenige ein Flüchtling war, dem aus diskriminierenden Gründen Verfolgung drohte. Es waren die afrikanischen Staaten selbst, die 1969 eine eigene Flüchtlingskonvention ins Leben riefen, die auch Kriegsflüchtlinge rechtlich anerkannte.

Die neuen Flüchtlinge

Die neuen Konflikte außerhalb Europas vervielfachten die Zahl der Flüchtenden; bis in die achtziger Jahre stieg sie auf zehn Millionen weltweit. Nach Ende des Ost-West-Konflikts kam es zu einer Reihe fast beispielloser humanitärer Krisen. Sie paarten sich mit den Umbrüchen in den Ländern der ehemaligen Sowjetunion, die viele Menschen dazu bewogen, einen Neuanfang im Westen zu wagen. 1995 flohen weltweit bereits 25 Millionen Menschen innerhalb ihres Landes oder ins Ausland. Aus dem Irak retteten sich zweieinhalb Millionen in den Iran. Die Kriege im zerfallenden Jugoslawien brachten eine Massenflucht auch erstmalig nach dem Zweiten Weltkrieg wieder nach Westeuropa: Von 1991 bis 1995 kamen aus den ehemals jugoslawischen Teilrepubliken Kroatien und Bosnien-Herzegowina auch knapp 350 000 Menschen in das wiederver-einigte Deutschland. Nach dem Völkermord in Ruanda flohen im April 1994 fast drei Millionen Hutu aus ihrer Heimat in die Nachbarstaaten – aus Angst vor der Rache der neuen Macht-haber, die zur Volksgruppe der Tutsi gehörten. Und in Kenia und Äthiopien suchten fast eine Million Menschen Schutz vor dem Bürgerkrieg in Somalia.

Die Konflikte der neunziger Jahre stellten die UN-Hilfsorgani-sation vor enorme Herausforderungen. Sie hatte kaum eine an-dere Wahl, als große Flüchtlingscamps zu errichten, obwohl solche Camps für die Betroffenen auch großes Elend bedeuten können. Hinzu kam, dass Hilfe viel stärker als früher koordi-niert werden musste: Inzwischen waren es nicht mehr nur das UN-Flüchtlingshilfswerk, das Rote Kreuz und eine Handvoll großer NGOs wie Care, Oxfam oder Ärzte ohne Grenzen, die den Flüchtlingen halfen. Die Zahl nichtstaatlicher Hilfsorga-nisationen hatte sich vervielfacht; allein in Ruanda waren rund 250 Organisationen Seite an Seite mit dem UN-Flüchtlings-hilfswerk tätig. Sowohl sie als auch die Friedenstruppen der Vereinten Nationen mussten schmerzlich erfahren, dass ihre Präsenz allein die Betroffenen kaum vor Menschenrechtsver-letzungen schützen konnte. Im ehemaligen Jugoslawien gin-gen die »ethnischen Säuberungen« trotz militärischer Präsenz der UN-Friedenstruppen, trotz der großen Zahl an internatio-nalen Hilfsorganisationen unvermindert weiter.

Die Vertreibungs- und Fluchtwellen jener Jahre belegten

nicht nur das Versagen der Staatengemeinschaft beim Verhindern oder Eindämmen von Greueltaten; sondern sie unterstrichen auch die Notwendigkeit des Flüchtlingsschutzes.

Mehr Flüchtlinge, mehr Abwehr

Das Ausmaß von Flucht und Vertreibung ging am Flüchtlingsschutz nicht spurlos vorbei. Schon in den achtziger Jahren drängten die Aufnahmeländer – Industriestaaten wie Entwicklungsländer – das UN-Flüchtlingshilfswerk dazu, Flüchtlinge so früh wie möglich wieder in ihre Heimatländer zurückzuschicken. Das Hilfswerk, abhängig von der Kooperation mit Staaten, willigte widerwillig ein.

In den neunziger Jahren wuchs in den Entwicklungsländern, die Flüchtlinge aufnahmen, die Angst vor politischer, wirtschaftlicher und sozialer Instabilität – und damit stieg der Druck auf den Flüchtlingsschutz. In einigen Staaten führte auch die Durchmischung von Flüchtlingen mit Soldaten oder die Rekrutierung von Kämpfern in Flüchtlingscamps dazu, dass der Flüchtlingsschutz in Verruf geriet. Unter den ruandischen Flüchtlingen im heutigen Kongo waren beispielsweise auch Angehörige jener berüchtigten Miliz, die in Ruanda den Massenmord zu verantworten hatten; sie nutzten die Flüchtlingscamps als Rückzugsort und planten von dort aus neue Angriffe. Guinea wiederum schloss seine Grenzen zu Sierra Leone, weil Rebellen in den Flüchtlingslagern Kinder als Soldaten rekrutierten – so wie es auch somalische Milizen in Kenia taten. Leidtragende waren die Flüchtlinge, zum Großteil Frauen und Kinder.

In den Industrieländern reagierte man auf die zahlreichen

»neuen« Flüchtlinge – und damit auch auf den Anstieg der Asylanträge –, indem man die Hürden für die legale Einreise erhöhte. Nicht nur in der Bundesrepublik hatte man als Reaktion auf die Flüchtlinge aus Afghanistan, Äthiopien und Sri Lanka schon Anfang der achtziger Jahre die Visapflicht eingeführt. Mitte des Jahrzehnts kamen Geldstrafen für Verkehrsunternehmen dazu, darunter insbesondere für auch Fluggesellschaften, die Personen ohne gültiges Visum über eine internationale Grenze beförderten. Einige Staaten begannen schließlich auch, Strafen für Arbeitgeber zu ersinnen, die Menschen ohne Aufenthaltserlaubnis beschäftigten; hinzu kamen Strafen für diejenigen, die solchen Menschen einfach nur halfen – zum Beispiel indem sie ihnen Unterschlupf gewährten.

Nicht nur die Hürden für die reguläre Einreise wurden seit den achtziger Jahren höher und die Maßnahmen gegen unerlaubten Aufenthalt schärfer. Auch das Flüchtlingsrecht wurde restriktiver gestaltet. In den späten Achtzigern verwiesen Industrieländer Asylsuchende vermehrt darauf hin, dass sie nicht als Flüchtlinge gelten würden, weil sie auch woanders Schutz suchen könnten: Entweder, sofern es die Bedingungen zuließen, in einer anderen Region ihres Herkunftslandes oder in einem anderen sicheren Staat.

Die Bundesrepublik schrieb sich dieses Konzept der »sicheren Drittstaaten« 1993 sogar in ihr Grundgesetz. Auf europäischer Ebene hatten einige Staaten, darunter auch Deutschland, bereits ein Jahr zuvor die »Londoner Resolution« verabschiedet. Darin einigte man sich auf eine gemeinsame Linie: Sollte ein Flüchtling auch in einem anderen Staat sicher vor einer Abschiebung in sein Heimatland sein, würde dessen Asylantrag künftig in der Sache nicht mehr geprüft werden. Wie allerdings ein solcher sicherer Drittstaat zu definieren war, oblag den jeweiligen unterzeichnenden Ländern. Generell als sicher galten alle Staaten der EU. Bis diese Regelung zu verbindlichem europäischem Recht wurde, sollte es zwar noch etwas dauern, aber der Grundstein für eine restriktivere Flüchtlings- und Asylpolitik war gelegt. Und das, obwohl Europa keineswegs die meisten Flüchtlinge aufnahm.

Nirgendwo willkommen?
Flüchtlinge in Entwicklungs- und Schwellenländern

Mit dem Bulldozer gegen Flüchtlinge

Es ist eine von Flüchtlingsorganisationen oft wiederholte und in Industriestaaten gerne übersehene Tatsache: Die meisten Flüchtlinge weltweit leben in Entwicklungs- und Schwellenländern. Weniger bekannt ist die genaue Zahl: Es sind 86 Prozent. In den neunziger Jahren, als Westeuropa Flüchtlinge aus dem Balkan aufnahm, waren es 70 Prozent gewesen. Seitdem ist der Anteil der Flüchtlinge, die in den Industrieländern leben, kontinuierlich gesunken – bis zu seinem jetzigen Tiefstand.

Setzt man die Anzahl der Flüchtlinge ins Verhältnis zum Bruttoinlandsprodukt pro Kopf, so befindet sich keine Industrienation unter den zehn Hauptaufnahmeländern. Sechs dieser zehn liegen in Afrika: Es sind Äthiopien, Kenia, Tschad, Südsudan, Demokratische Republik Kongo und Uganda.[3] Im Verhältnis zur Einwohnerzahl und dem BIP ist nur das winzige Malta als Industriestaat in der Liste der Hauptaufnahmeländer vertreten. Das sollte uns zu denken geben und Populisten, die

Parolen wie die des »vollen Bootes Europa« verbreiten, eigentlich das Wasser abgraben. Die größte Last schultern Länder, die kaum selbst über die Runden kommen.

Flüchtlingsschutz nach der Genfer Flüchtlingskonvention erfordert zunächst, dass Flüchtlinge die gesamte Zeit über, während deren ein Verfolgungsrisiko besteht, sicher vor einer Rückkehr in ihr Heimatland sind. Doch die Flüchtlingskonvention fordert mehr als nur diese Nichtzurückweisung. Flüchtlinge sollen wie bereits erwähnt auch Zugang zu medizinischer Versorgung, zu Schulbildung und zum Arbeitsmarkt erhalten. Die Bedingungen dafür, dass sich diese Grundsätze umsetzen lassen, finden Flüchtlinge in Entwicklungsländern allerdings selten vor.

Deutlich wird das am Beispiel Pakistan, dem Land, das weltweit die meisten Flüchtlinge aus Afghanistan aufgenommen hat. 2014 befanden sich immer noch über anderthalb Millionen offiziell registrierte afghanische Flüchtlinge im Land; mindestens noch einmal so viele halten sich illegal dort auf. In Pakistan schwindet inzwischen die Aufnahmebereitschaft. Mit dem Abzug der US-Armee aus Afghanistan fürchtet die Regierung eine neuerliche Instabilität des Nachbarlandes; neue Flüchtlinge könnten kommen, und ein Abschwung der afghanischen Wirtschaft könnte auch Arbeitssuchende über die Grenze treiben. Hinzu kommt, dass die Flüchtlinge – überwiegend Paschtunen – wegen ihrer Stammeszugehörigkeit verdächtigt werden, mit heimischen extremistischen Paschtunen zu sympathisieren, vor allem mit den pakistanischen Taliban. Aus all diesen Gründen will die Regierung in Islamabad verhindern, dass neue Migranten kommen. Die Polizei hat bereits die Kontrollen verschärft und angekündigt, in Zukunft auch biometrische Daten erheben zu wollen. 2014 ließ die pakistanische Regierung eine illegale Siedlung von Afghanen in Islamabad ohne Vorwarnung mit Bulldozern platt walzen. Manche Bewohner hatten dort fast dreißig Jahre gelebt.

Auch der Iran übt vermehrt Druck auf die Flüchtlinge aus, das Land wieder zu verlassen. Zwar sind 800 000 Menschen offiziell registriert, doch müssen sie sich jährlich neu melden und bei kleinsten Formfehlern eine Abschiebung fürchten. Auf diese Weise wurden bereits Tausende Afghanen des Landes verwiesen oder eingesperrt, Familien wurden voneinander getrennt.[4]

Unter Druck ist der Flüchtlingsschutz aber auch in Südafrika. Früher ein Zufluchtsort für Menschen aus Simbabwe, ist die Politik mit steigenden Flüchtlingszahlen immer restriktiver geworden. Wer einen Asylantrag stellen will, muss ein Transitdokument vorweisen, das nur schwer zu erhalten ist; zudem wurden von den simbabwischen Flüchtlingen sukzessive immer weniger Menschen Asyl gewährt.

Zelte, so weit das Auge reicht: Das Elend der Flüchtlingscamps

In den neunziger Jahren gehörte der Anblick von Flüchtlingscamps in vielen Ländern zum Alltag. Doch noch immer lebt ein Drittel der Flüchtlinge und Binnenvertriebenen weltweit in Camps – und durch den Krieg in Syrien werden es wieder mehr.

Camps sind nicht gleich Camps. Einige liegen im Nirgendwo, andere an Stadträndern; einige gleichen eher Städten, andere bestehen aus notdürftig zusammengeflickten Hütten Marke Eigenbau. In manchen gibt es Schulen und eine medizinische Grundversorgung, in anderen nicht einmal Brunnen mit sauberem Trinkwasser. In Dadaab, auf der lehmigen Ebene des kenianischen Nordens, haben 340 000 Menschen in den weltweit größten Flüchtlingslagern Zuflucht gefunden. Die Camps sind eine Mischung aus provisorischen, verstreuten Hütten und einer gigantischen Ansammlung weißer Zelte, die wie mit dem Lineal gezogen in endlosen Reihen aufgeschlagen wurden. Es herrschen Tagestemperaturen von über 50 °C, die von den Strapazen der Flucht entkräfteten und kranken Menschen sind dringend auf die Versorgung durch das UN-Flüchtlingshilfswerk angewiesen. Aber bis sie im Camp registriert sind und ihre erste knappe Lebensmittelration erhalten, kann es dauern. 2011, als das Lager wegen der angespannten Situation in Somalia völlig überfüllt war, mussten Neuankömmlinge zwölf Tage auf die erste Ration warten und 34 Tage auf Kochutensilien und Decken.[5]

In solchen Camps sind Menschen in ihrem Elend unter sich, ohne Perspektive und ihrer Autonomie beraubt: Sie können sich weder im Gastland integrieren noch arbeiten, sie leben abgeschottet in einer künstlichen Gemeinschaft. Und die Rechte, die ihnen nach der Genfer Flüchtlingskonvention neben der Sicherheit vor Abschiebung noch zustehen würden, können sie dort selten wahrnehmen.

Wenn internationale Organisationen Camps betreuen, ist dies immer auch ein Zeichen dafür, dass ein Staat seinen Verpflichtungen nicht alleine nachkommen kann oder will. Humanitäre Helfer sind sich einig: Camps sind schlecht. Selbst der UN-Hochkommissar für Flüchtlinge sagt, er hasse Camps. Doch dieselben Helfer sagen auch: Manchmal sind Camps ein notwendiges Übel. Manche Staaten lassen Flüchtlinge nur unter der Bedingung ins Land, dass sie in zentralen Lagern untergebracht werden. So lassen sich Flüchtlinge leichter kontrollieren und verschärfen nicht eventuell bestehende wirtschaftliche oder politische Spannungen im Aufnahmeland. Flüchtlingscamps machen es leichter, manchmal überhaupt erst möglich, große Menschenmengen zentral zu versorgen. Hier muss man diejenigen, die auf medizinische Versorgung, auf Nahrungsmittel, Trinkwasser und auf ein kärgliches Dach über dem Kopf angewiesen sind, nicht erst suchen. In den Camps kann man Regeln erlassen und möglicherweise leichter für die Sicherheit der Flüchtlinge sorgen.

Auch wenn immer noch mehr als zwei Drittel der syrischen Flüchtlinge in der Türkei, im Libanon und in Jordanien außerhalb von Camps leben: Nun, da fast ganz Syrien in Schutt und Asche liegt und fast alle, die das Land verlassen haben, in den Nachbarstaaten ausharren, kommen die Camps wieder. Im kurdischen Teil des Irak liegt das Camp Kawergosk, wo über 13 000 Syrer im Sommer schwitzen und im Winter frieren. Kerosinbetriebene Heizkörper in den Zelten sollen die Flüchtlinge warm halten. Im Herbst und Winter verwandelt der Regen das Camp in einen einzigen Morast. Lebensader ist die Straße, über die schwere Lastwagen Kerosin, Zeltplanen, Wasserkanister und Nahrungsmittelpakete bringen. Der französische Schriftsteller Laurent Gaude, der das Lager im Dezember 2013 für den Fernsehsender ARTE besuchte, war fasziniert davon, wie es die sozialen Unterschiede ihrer Bewohner scheinbar nivelliert. Alle würden die gleichen Ängste und den Überlebenstrieb teilen. Das Camp sei »eine seltsame Stadt [...], in der die Zeit stillsteht, in der die Bewohner eingeschlossen sind und faktisch gleich sind, auf einer Stufe stehen – aber auf der des Elends. Die Stadt erinnert mich an utopische Stadtexperimente [...], nur andersherum. Das Lager als urbanes Höllenexperiment. Das Lager als Abbild eines Lebens, dem ständig Not und Dringlichkeit zusetzten. Eine gut organisierte Stadt; ruhig, aber resigniert.«[6]

Nicht alle syrischen Flüchtlingscamps sind so »ruhig« wie Kawergosk. Zaatari in Jordanien etwa beherbergt inzwischen 100 000 Menschen, nur drei jordanische Städte haben mehr Einwohner. Über die Hälfte von ihnen sind jünger als 18, und jeden Tag werden fünfzehn Kinder geboren. Die jordanische Polizei soll für Sicherheit sorgen, der UNHCR und eine Schar NGOs sind für die Versorgung im Camp zuständig. Doch sie sind auch auf Mithilfe der Bewohner angewiesen. Vom Flüchtlingshilfserk bestimmte »Abus« (Väter) waren dafür zuständig, Güter zu verteilen, besondere Schutzbedürftigkeit bei Bewohnern zu erkennen, deren Gesuche entgegenzunehmen und zwischen den Flüchtlingen und dem UNHCR zu vermitteln. Dabei kam es wiederholt zu Korruption und Schutzgelderpressung.

Die meisten Flüchtlingscamps haben einmal so angefangen wie die heutigen für die Syrer. Aus Planen wurden Wellbleche, aus Wellblechen Wände, auf eine Etage folgte die nächste. Alle Camps beginnen als Provisorium. Bis sie, fünfzig Jahre später, immer noch da sind.

Flucht und Globalisierung

Prinzip Selektion:
Flüchtlingspolitik und Migrationspolitik

Seit sechzig Jahren sind es mehr und mehr Menschen, die ihre Heimat verlassen, um Verfolgung und Krieg zu entkommen.

Aber seit mehr als sechzig Jahren stellen sie nur einen Bruchteil dar im Vergleich zu jenen Menschen, die aus anderen Gründen eine internationale Grenze überqueren und bleiben wollen. Von 2005 bis 2010 haben nach Schätzungen österreichischer Wissenschaftler weltweit mehr als 78 Millionen Menschen ihren Lebensmittelpunkt in ein anderes Land verlegt.[7] Im selben Zeitraum aber wuchs die Zahl der Flüchtlinge weltweit nur um etwa 75 000.[8] Mit anderen Worten: Auf jeden Flüchtling kamen über tausend Menschen, die ihren Wohnort nicht wechselten, weil sie verfolgt wurden, sondern um zu arbeiten, zu studieren, mit ihrer Familie zusammen zu sein.

Weltweit finden die meisten Migrationsbewegungen nicht zwischen den Kontinenten statt, sondern innerhalb. Zum Beispiel in Afrika: Nach den Daten der österreichischen Wissenschaftler waren mehr als 6,56 Millionen Menschen innerhalb des Kontinents in Bewegung. Demgegenüber stehen 3,74 Millionen, die aus Afrika nach Europa kamen.

In Europa selbst stellt sich die Situation anders dar: Zwischen 2000 und 2010 wanderten etwa 21 Millionen Menschen ein, viermal so viele wie innerhalb Europas migrierten. Damit ist Europa zum Hauptziel weltweiter Migrationsbewegungen geworden, gefolgt von den USA und Kanada mit 16 Millionen.[9] Im selben Zeitraum stellten 3,3 Millionen Menschen in Europa einen Antrag auf Asyl. Das heißt: auch in der EU stellen Flüchtlinge nur einen kleinen Teil der gesamten Migration. Die Zahlen belegen zudem, dass es keineswegs so ist, dass alle Menschen, die aus wirtschaftlichen Gründen in der EU bleiben wollen, dafür das Instrument Asyl nutzen.

Dennoch werden Asylsuchende oft als »freiwillige Migranten« oder »Wirtschaftsmigranten« den »echten Flüchtlingen« gegenübergestellt. Diese Unterscheidung ist sprachlich insofern irreführend, als dass auch Flüchtlinge noch genügend Handlungsmacht haben, um »freiwillig« zu fliehen. Vermeintlich »freiwillige Migranten« hingegen haben möglicherweise genauso wenig eine andere Wahl wie Flüchtlinge, als der Heimat den Rücken zu kehren. Und auch Flüchtlinge, die vor diskriminierender Verfolgung fliehen, können darüber hinaus weitere Gründe haben, ihr Land zu verlassen. Ein Flüchtling, der sich im Aufnahmeland auch eine bessere wirtschaftliche Perspektive erhofft, bleibt ein Flüchtling.

Warum werden Asylsuchende trotzdem oft mit »Wirtschaftsmigranten« verwechselt? Es liegt nicht nur am Unverständnis darüber, nach welchen Kriterien in Deutschland und der EU Asyl gewährt wird, sondern auch daran, dass Flüchtlinge kaum regulär einreisen können. Sie reisen tatsächlich Seite an Seite mit Menschen, die in Europa weder Asyl erhalten noch genügend Einkommen und Qualifikation vorweisen können, um regulär ins Land zu kommen. Sie nehmen die Dienste derselben privaten Broker, »Reiseagenturen« und Schmuggler in Anspruch.

Arbeitsmigration wiederum steht grundsätzlich unter Verdacht; ob und insbesondere *wie viel* Arbeitsmigration wirtschaftlich sinnvoll ist, darüber wird heftig gestritten. Viele Ökonomen legen der Politik nahe, mehr Arbeitsmigration zu ermöglichen. Sie führe dazu, dass sich Arbeitskräfte stärker spezialisieren, indem die Arbeitsteilung voranschreitet. Laut dieser Ökonomen ist Arbeitsmigration vergleichbar mit den Mechanismen, die den Vorteilen des freien Handels zugrunde liegen: Einwandernde Arbeitskräfte würden ein höheres Einkommen als in ihren Heimatländern erzielen, und in der Folge würde das global erzeugte Bruttoinlandsprodukt steigen. So schätzt eine Simulationsstudie, dass ein Anstieg der Arbeitsmigration von drei Prozent in die Industrieländer höhere geldwerte Vorteile erbrächte als der Abbau von Handelshemmnissen.[10]

Aber wie so oft gibt es für jedes dieser Argumente auch ein Gegenargument: Damit es wegen der vielen neuen Arbeitskräfte nicht zu einer Lohnsenkung komme, müsse das Tempo der Einwanderung stimmen. Wenngleich Löhne nicht in allen Industrieländern einfach so sinken können, weil sie etwa durch Tarifverträge relativ fix sind. Die Geringqualifizierten würden verlieren, wenn man ihnen nicht mehr Möglichkeiten zur Weiterbildung gäbe. Außerdem blieben familiäre, sprachliche und kulturelle Hürden.

Also bleibt es vorerst beim politischen Leitspruch der Zeit: Internationale Migration muss kontrolliert, internationaler Waren- und Kapitalfluss liberalisiert werden. Im Takt von Millisekunden können Aktien an den Börsen der Welt ge- und wieder verkauft werden, globale Arbeitsteilung und Logistik vervielfachen den weltweiten Warenaustausch. Handelsbarrieren sinken, Abwanderungen von Unternehmen werden einfacher. Für Menschen dagegen werden die Grenzen kaum durchlässiger.

Auch Europa hat in den letzten dreißig Jahren unzählige Maßnahmen ersonnen, um Einwanderung zu verhindern – nicht jedoch von jenen, die nach ökonomischen Maßstäben »gebraucht« werden. So wird der globale Jetset der Wohlhabenden und Hochqualifizierten in Stellung gebracht gegen all jene, deren internationale Mobilität nicht gewollt ist. Die Migrationspolitik ist keineswegs für alle restriktiver geworden. Sie war und ist vor allem damit beschäftigt, zu selektieren, wer reinkommt und wer draußen bleiben muss. Das macht sie auf den ersten Blick gar nicht so unähnlich zur Flüchtlingspolitik.

Dass Staaten internationale Migration gemeinhin regulieren wollen, hat neben den unklaren wirtschaftlichen Folgen auch noch andere Gründe.

Die Globalisierung geht einher mit dem Ende einer klar überschaubaren Weltordnung, mit dem wirtschaftlichen Aufstieg von Schwellenländern, dem relativen Machtverlust Europas und dem Machtgewinn von privaten Akteuren gegenüber Staaten. Global tätige Unternehmen sind nicht darauf angewiesen, mühevoll Kompromissentscheidungen herbeizuführen und demokratisch zu legitimieren. Sie können sich auf Regulierungsinstrumente der Staaten rasch einstellen und haben ihrerseits die Möglichkeit, Druck auszuüben. Vernetzte Märkte können blitzschnell auf politische Entscheidungen reagieren und so Dominoeffekte erzeugen. Unternehmen stehen Ressourcen zur Verfügung, um die Politik in ihrem Sinne zu beeinflussen, die keine Bürgerbewegung je aufbrächte.

Diese Effekte der Globalisierung lassen den Eindruck entstehen, dass der Handlungsspielraum der Politik scheinbar kleiner geworden ist. Mit internationalen Unternehmen und den Märkten hätten schwer greifbare Akteure das Parkett betreten und den Staaten das Heft aus der Hand genommen.

Weil die Zunahme der Migration mit diesen Entwicklungen zusammenfällt, muss sie besonders häufig als schwarzes Schaf herhalten. Dabei ist sie nicht Ursache, sondern nur die im Vergleich unbedeutendste Begleiterscheinung der wirtschaftlichen Globalisierung und einer unübersichtlicheren Weltordnung.

Migration von Menschen wird kontrolliert, weil sie noch kontrollierbar *ist.* Migrationspolitik wird von einzelnen Staaten gemacht, weil sie noch von einzelnen Staaten gemacht werden *kann*. Sie ist gewissermaßen die »letzte Bastion der Souveränität«[11] in Zeiten schwindender staatlicher Handlungsmacht.

Wie sehr um diese Bastion gekämpft wird, lässt sich fast überall beobachten. In Europa werden Stimmen laut, die fordern, Zuwanderung im Allgemeinen zu beschränken oder stärker zu reglementieren. In Großbritannien ist nach repräsentativen Umfragen der Universität Essex seit den sechziger Jahren eine stabile Mehrheit der Meinung, dass die Einwanderung »zu weit« gehe.[12] In Frankreich steigt die Zustimmung für den rechtsextremen »Front National« nicht erst, seitdem das Land unter hoher Arbeitslosigkeit leidet. In den Niederlanden fährt die »Freiheitspartei« seit 2009 Wahlergebnisse zwischen zehn und 15 Prozent ein. 2007 hatte sie gefordert, die Einwanderung aus muslimischen Ländern vollständig zu unterbinden. Auch in Deutschland eignet sich das Thema Einwanderung bestens für Populismus. Nach einer repräsentativen Emnid-Umfrage im Auftrag der Bertelsmann-Stiftung sehen zwei Drittel der Befragten in der Zuwanderung eine Belastung für die Sozialsysteme. Und die Partei »Alternative für Deutschland« erzielte Analysten zufolge auch deshalb Erfolge bei den sächsischen, brandenburgischen und thüringischen Landtagswahlen 2014, weil sie für »sichere Grenzen«, gegen »Einwanderung in die Sozialsysteme« und für »klare Regeln« beim Zuzug geworben hatte. Solche Stimmen haben beinahe Tradition. In den siebziger Jahren hatte Deutschland über fünf Millionen »Gastarbeiter« angeworben, die die Lücken auf dem Arbeitsmarkt kurzfristig schließen und dann wieder in ihre Heimatländer zurückkehren sollten. Doch als die Ölkrise 1973 die Wirtschaftslage verschlechterte, wollten viele nicht mehr in ihre Heimatländer zurück. Also blieben sie, holten ihre Ehepartner und Kinder nach oder gründeten hier Familien und schufen so ihren Lebensmittelpunkt in der neuen Heimat. Um es mit dem Schweizer Schriftsteller Max Frisch zu sagen: »Wir riefen Arbeitskräfte, und es kamen Menschen.« Darauf, dass die Gastarbeiter bleiben wollten, war die Öffentlichkeit nicht vorbereitet. Angstkampagnen vor allem gegen türkische Arbeitnehmer folgten – und trafen auch Flüchtlinge.

Zwar richten sich die Kampagnen von rechten Parteien – damals wie heute – selten explizit gegen Flüchtlinge. Sie propagieren aber den massiven Missbrauch des Systems durch »Scheinasylanten«. Oder sie unterscheiden bewusst nicht zwischen verschiedenen Arten von Einwanderern und sind ganz allgemein fremdenfeindlich. Und sie verschweigen auch, dass unsere Flüchtlingspolitik immer hochselektiv war.

Scheitert das Flüchtlingsrecht?

Geflohen, aber kein Flüchtling

Mit dem Anbruch des neuen Jahrtausends konnte, wer wollte ,das fünfzigjährige Jubiläum der Genfer Flüchtlingskonvention begehen. Es gab viel zu feiern: Von der Nachkriegs-Zwangsjacke befreit, war die Konvention für Tausende, die wegen ihrer Gruppenzugehörigkeit oder ihrer politischen Überzeugung verfolgt wurden, zum Rettungsring geworden.

Gleichzeitig hatte die Konvention aber über fünfzig Jahre hinweg immer dann *keine* große Rolle gespielt, wenn Menschen in Massen flohen. Allen voran galt das für jene, die ihre Heimat wegen Kriegen verlassen mussten. Die nicht wegen ihrer Gruppenzugehörigkeit oder ihrer politischen Überzeugung bedroht wurden – die aber Tod oder Verletzungen fürchteten, weil im Krieg auch Zivilisten zu Tode kommen.

Die zweite Gruppe waren Menschen, die ihr Heimatland verließen, um wirtschaftlicher Not oder miserabler beziehungsweise fehlender medizinischer Versorgung zu entkommen.

Die dritte Gruppe waren Menschen, die keine internationale Grenze überquert hatten. Diese Gruppe ist auch heute noch größer als die der »internationalen« Flüchtlinge. Zwei von drei Menschen auf der Flucht befinden sich aktuell innerhalb ihrer eigenen Landesgrenzen. *»Internally Displaced Persons«* *(IDPs)*, Binnenvertriebene, werden sie von Regierungen und Hilfsorganisationen genannt. Ihr Schicksal ist dem der Flüchtlinge oft sehr ähnlich: Sie lassen ihr altes Leben zurück, tauschen es ein gegen physische Sicherheit. Sie leben entweder in Camps, in städtischen Slums oder bei Gastfamilien. Auch die Gründe, ihre Heimat zu verlassen, können genau die gleichen sein wie die eines Flüchtlings – nämlich diskriminierende Verfolgung. Daneben gibt es *IDPs,* die vor Umweltschäden fliehen oder die ihre wirtschaftliche Situation verbessern wollten und dann nicht Fuß fassen konnten. Die meisten Binnenflüchtlinge fliehen jedoch vor Krieg. Nach Angaben des Internal Displacement Monitoring Center sind 6,6 Millionen Syrer auf der Flucht vor dem Bürgerkrieg. 5,7 Millionen Kolumbianer haben die seit Jahrzehnten andauernden Kämpfe zwischen der Regierung und den Guerillas der FARC vertrieben. In der Demokratischen Republik Kongo und im Irak sind je über 2,5 Millionen innerhalb der Landesgrenzen vertrieben. Und in Nigeria sind es 3,3 Millionen – wegen der Angriffe der islamistischen Boko Haram und den rücksichtslosen Einsätzen der Armee sowie wegen der Zusammenstöße zwischen verschiedenen Ethnien im Zentrum des Landes.

Von der Genfer Flüchtlingskonvention aussortiert, obwohl sie eine internationale Grenze übertreten haben, werden schließlich auch viele Palästinenser. Sie sind die vierte Gruppe. Im Nahen Osten und in Nordafrika leben fünf Millionen palästinensische Flüchtlinge, die meisten in Camps. Die Mehrzahl dieser Camps hat nichts mit den riesigen Zeltstädten gemein, die Flüchtlingshilfswerke anderswo errichten. Es sind enge Betonstädte, die über Jahrzehnte aus dem verstetigten Elend gewachsen sind. Die Bewohner bessern die knapp kalkulierten Nahrungsmittelrationen auf, indem sie in den Camps als Marktverkäufer, Bauarbeiter oder in kleinen Handwerksbetrieben arbeiten. Zugang zum regulären libanesischen Arbeitsmarkt außerhalb des Camps haben sie nicht. Im Libanon buhlen verschiedene radikale Gruppen in den Camps um Anhänger, und die perspektivlose Jugend hat nichts Besseres zu tun, als sich lokalen Milizen anzuschließen, die sich dann in den Camps untereinander bekämpfen.

Am besten war die Lage der palästinensischen Flüchtlinge noch in Syrien. Aber mit dem Ausbruch des Bürgerkriegs dort kehrte sich ihr Schicksal um: Yarmouk, ein großes Camp in Damaskus, wurde für Tausende Palästinenser zur Falle. 18 000 Menschen sind in den rauchgeschwärzten Ruinen eingeschlossen, Scharfschützen zielen auf jeden, der einen Checkpoint überqueren will. Der britischen Tageszeitung *The Guardian* sagte der Leiter des UN-Hilfswerks für Palästinenser, dass die Menschen an den Verteilungspunkten für humanitäre Hilfe »wie Geister auftauchten«: »Sie können kaum sprechen. Ich habe mit vielen zu reden versucht, und alle erzählen die gleiche Geschichte der totalen Entbehrung.«[13] Nur einer von zehn palästinensischen Flüchtlingen hat es inzwischen geschafft, aus Syrien zu fliehen. 540 000 hingegen sind in Syrien geblieben, mehr als die Hälfte musste in Lager wechseln, da der erste Fluchtort nicht mehr sicher war.

Wenn die Genfer Flüchtlingskonvention restriktiv ausgelegt wird, brauchen die meisten Palästinenser auf Schutz nach der Konvention nicht zu hoffen. Als die Konvention seinerzeit verhandelt wurde, fürchteten die arabischen Staaten, dass die Anerkennung von Palästinensern als Flüchtlinge diese der Chance berauben würde, dereinst in einen neu zu gründenden palästinensischen Staat heimzukehren. Um die langfristige Lösung des »Palästinenserproblems« durch ein Zwei-Staaten-Modell nicht zu gefährden, wurden palästinensische Flüchtlinge implizit von der Konvention ausgeschlossen. Und damit stand auch für die arabischen Staaten der Unterzeichnung der Flüchtlingskonvention nichts mehr im Wege.

Steter Tropfen höhlt den Stein:
Das Flüchtlingsrecht entwickelt sich weiter

Bis heute hängen wir einer Flüchtlingsdefinition an, die viele Fluchtgründe nicht abdeckt und einige große Gruppen ignoriert. Aber bei näherer Betrachtung fällt auf, dass das nicht immer die »Schuld« des alten Vertragstextes ist, sondern einer bestimmten Auslegung.

Führt man sich zum Beispiel die aktuellen bewaffneten Konflikte vor Augen, müssen viele um ihr Leben fürchten, weil sie einer bestimmten Gruppe angehören oder ihnen dies zumindest nachgesagt wird: Weil sie Muslime sind, weil sie Christen sind (in Zentralafrika), weil sie einem bestimmten Stamm angehören (im Südsudan) oder weil sie gegen das Regime sind (in Syrien). In Deutschland erhalten Syrer einen Flüchtlingsstatus nach der Genfer Flüchtlingskonvention, weil die Assad-Regierung alle, die im Ausland um Asyl bitten, als regimefeindlich ansieht. Die Genfer Flüchtlingskonvention erlaubt es also sehr wohl, Menschen aus Kriegsgebieten als Flüchtlingen Schutz zu gewähren, wenn sie diskriminiert werden.

Ein zweites Beispiel sind die Palästinenser. Eine moderne Auslegung der Flüchtlingskonvention kann auch ihnen Schutz durch die Genfer Flüchtlingskonvention zubilligen, indem sie den Text der Konvention wörtlich nimmt. Dann werden nur die Palästinenser von der Konvention ausgeschlossen, die zum Zeitpunkt von deren Unterzeichnung vor über sechzig Jahren bereits Beistand der Vereinten Nationen erhielten.

Ein weiteres Bespiel sind Menschen, die wegen ihres Geschlechts oder ihrer sexuellen Orientierung Verfolgung fürchten: Lange wurde ihnen entgegnet, nicht durch die Genfer Flüchtlingskonvention geschützt zu sein. Immerhin könne man Frauen, die fünfzig Prozent der Bevölkerung ausmachen, nicht als besondere Gruppe bezeichnen. Und Lesben und Schwule könnten ihrem Verfolgungsrisiko entgehen, indem sie sich diskret verhielten. Heute ist durch Hunderte Gerichtsentscheidungen in verschiedenen Ländern bestätigt: Frauen, die Verfolgung fürchten, weil sie Frauen sind, können auf Flüchtlingsschutz nach der Genfer Flüchtlingskonvention hoffen. Und Lesben und Schwulen kann man nicht zumuten, sich zu verstecken, um einem Verfolgungsrisiko zu entgehen. Das sieht auch der Europäische Gerichtshof in Luxemburg, das höchste Gericht der Europäischen Union, so, der dazu 2012 und 2013 zwei Urteile fällte.

In der Tat hat sich das Verständnis der Genfer Flüchtlingskonvention in den letzten Jahren enorm weiterentwickelt. Und für viele, die trotzdem aus dem Raster fallen, hat sich ein »menschenrechtliches Pendant« gefunden, bei dem es nicht mehr darauf ankommt, dass eine Person diskriminiert wird. So ist heute nicht mehr allein die Genfer Flüchtlingskonvention für den Flüchtlingsschutz maßgebend, sondern auch die Verpflichtungen aus anderen Menschenrechtsverträgen. Denn darf, wer tatsächlich an Leib und Leben gefährdet ist oder dem andere schwere Rechtsverletzungen drohen, abgeschoben werden, nur weil er nicht in die Definition eines sechzig Jahre alten Vertrages passt?

Schon bei Abschluss der Verhandlungen zur Genfer Flüchtlingskonvention drückten die Staaten ihre Hoffnung aus, dass die Konvention auch auf Menschen ausgeweitet werden würde, die nicht unter die damals aktuelle Definition fielen. Doch verbindlich geschah das erst in den achtziger Jahren. Die inzwischen quasi weltweit gültige Antifolterkonvention von 1984 verbietet es, Menschen in Staaten zurückzuschicken, in denen ihnen Folter droht. Das Folterverbot ist nach internationalem Verständnis absolut: es kann nicht im öffentlichen Interesse eingeschränkt werden, auch nicht angesichts einer Bedrohung der öffentlichen Sicherheit oder im Krieg. Deshalb gilt ein solches Abschiebungsverbot bei drohender Folter selbst für Straftäter und Terror-Verdächtige. Das auszuhalten ist der Preis, den wir für unsere normative Grundordnung zahlen.

Es war ein deutscher Staatsangehöriger, Jens Soering, der 1990 ein Gerichtsurteil erwirkte, das aus damaliger Sicht als rechtliches Erdbeben gelten konnte. Soering war in den USA wegen zweifachen Mordes angeklagt, Taten, die er bis heute bestreitet, und sollte von Großbritannien an die USA ausgeliefert werden. Der Europäische Gerichtshof für Menschenrechte, ein internationales Gericht in Straßburg, das bei Verstößen gegen die Europäische Menschenrechtskonvention angerufen werden kann, stoppte die geplante Auslieferung. Grund war weniger die Jens Soering drohende Todesstrafe selbst als das lange Warten auf deren Vollstreckung: Laut Gericht ist der permanente Stress, der durch die Aussicht auf eine bevorstehende Hinrichtung ausgelöst wird, eine unmenschliche Strafe. Das Besondere an der Entscheidung des Gerichts: Großbritannien hätte menschenrechtswidrig gehandelt, wenn es Soering ausgeliefert hätte, weil es eine Menschenrechtsverletzung nicht nur hingenommen, sondern deren Vollzug begünstigt hätte.

Seit der Gerichtsentscheidung zum Fall Soering ist klar: Wem in einem Land unmenschliche, erniedrigende Behandlung oder Strafe und wem Tod droht, der darf nicht in dieses Land abgeschoben werden. Inzwischen gilt der gleiche Grundsatz auch für Länder, in denen eine solche Gefahr zwar nicht direkt besteht – wohl aber die, dass Betroffene von dort aus in ein potenziell gefährliches Land weitergeschoben werden.

Die Entscheidung bedeutet aber noch viel mehr: Wem wegen eines Krieges tatsächlich Lebensgefahr droht, den darf man nicht in sein Heimatland zurückschicken – auch wenn er nicht Flüchtling im Sinne der Genfer Flüchtlingskonvention ist. Kriege sind für Zivilisten tödlich. Und das internationale Recht schert sich zum Glück auch nicht um eine quantifizierbare Bemessung der Wahrscheinlichkeit, mit der die Gefahr des Todes eintreten könnte – die Wahrscheinlichkeit muss nur »beachtlich« sein.

Natürlich gibt es die Genfer Flüchtlingskonvention noch. Doch es gibt auch europäisches Recht, nach dem es »nur noch« entscheidend ist, wie schlimm das ist, was einer Person im Falle einer Abschiebung drohen würde. Bei beiden Instrumenten

74

stehen wir allerdings vor der Frage, wie schlimm dieses sein muss, um als Verfolgung oder ernsthafter Schaden zu gelten. Das Recht auf Leben und das Verbot von Folter, unmenschlicher oder erniedrigender Behandlung oder Strafe gelten als zwei der grundsätzlichsten Menschenrechte überhaupt. Verstöße dagegen oder ihre Missachtung werden unzweifelhaft anerkannt.

Aber sind nicht alle Menschenrechte grundsätzlich? Warum soll nicht auch die tatsächliche Bedrohung anderer Rechtsgüter vor Abschiebung schützen? Was ist mit Journalisten, die zwar keine Gefängnisstrafe oder unmenschliche Behandlung zu befürchten haben, deren Texte aber stets zensiert werden? Kann eine Menschenrechtsverletzung durch den Staat, wie etwa eine rechtswidrige Einschränkung der Religionsfreiheit, dann Flüchtlingsschutz begründen, wenn der Staat sie nur durch eine Geldstrafe durchsetzt? Die Verletzung von Rechtsgütern und unser Verständnis davon sind nicht statisch. Das Recht hat sich in der Vergangenheit weiterentwickelt und wird es auch in Zukunft tun. Wenn wir von »Flüchtlingen« sprechen, müssen wir das anerkennen, anstatt so zu tun, als sei die Zeit seit 1952 – dem Jahr der Unterzeichnung der Genfer Flüchtlingskonvention – stehengeblieben.

»Flüchtlinge« durch Binnenvertreibung, Armut und Klimawandel?

Das Recht kann man so auslegen, dass es auf alle heutigen Formen von Menschenrechtsverletzungen und Vertreibung Anwendung finden kann. Auf Biegen und Brechen aber lässt sich das Flüchtlingsrecht nicht weiterentwickeln. Menschenrechtsschutz und die Genfer Flüchtlingskonvention werden auch in Zukunft Menschen ausschließen. Einige dieser Unterscheidungen sind richtig, bei anderen müssen wir genau prüfen, ob sie Bestand haben können.

Dass das Flüchtlingsrecht auch in Zukunft zwischen Binnenvertreibung und grenzüberschreitender Flucht unterscheidet, ist richtig. Nicht, weil es Binnenvertriebenen besserginge und sie nicht auch internationale Hilfe benötigen könnten. Sondern weil das Überqueren einer internationalen Grenze bedeutet, dass ein anderer Staat zu ihren Gunsten überhaupt Regelungen erlassen und wirksam für sie tätig werden kann. Auch wenn die Bedeutung der Staaten gegenüber privaten Akteuren in den letzten Jahrzehnten stetig abgenommen hat, organisieren wir die grundlegendsten Rechtsverpflichtungen immer noch als Staatenpflichten. Wenn ein Staat diesen Verpflichtungen nicht nachkommt, weil er eine Person selbst verfolgt oder sie nicht vor Verfolgung anderer schützt, dann ist die Staatengemeinschaft gefragt. Konkret für eine Person handeln kann ein Staat allerdings am einfachsten, wenn sie geflohen ist und sich auf seinem Staatsgebiet befindet.

Eine Gruppe, die kaum auf den Schutz der Genfer Flüchtlingskonvention zu hoffen braucht, sind jene, die vor Armut und Elend oder vor den Folgen des Klimawandels fliehen. Dabei werden Extremwetterphänomene, die wegen der globalen Erwärmung zunehmend auftreten, in Zukunft möglicherweise Hunderttausende treffen: Überschwemmungen und extreme Stürme können Ernten vernichten, Häuser zerstören und Infrastruktur beschädigen. Dürreperioden, sinkende Wasserqualität, trocken fallende Reservoirs und der Rückgang der Artenvielfalt können Landwirtschaft nicht nur einschränken, sondern in manchen Gebieten unmöglich machen. Der Klimawandel könnte so nicht nur zur Bedrohung von Kleinbauern werden, sondern auch größeren Wirtschaftszweigen den Boden unter den Füßen wegziehen.

Unter die Genfer Flüchtlingskonvention werden nur die »Armutsflüchtlinge« und »Klimaflüchtlinge« fallen, die wegen Diskriminierung arm wurden oder bei der Bewältigung der Folgen von Armut und Klimawandel diskriminiert werden – zum Beispiel wenn eine ethnische oder religiöse Gruppe bei der Gewährung von Hilfe benachteiligt wird.

Denn die Diskriminierungsmerkmale, die von der Genfer Flüchtlingskonvention aufgelistet werden, lassen sich nicht einfach weginterpretieren. Ione Teitiota jedenfalls, ein Staatsangehöriger des südpazifischen Inselstaates Kiribati, scheiterte 2013 vor einem Gericht in Neuseeland mit seiner Klage, als Flüchtling nach der Genfer Flüchtlingskonvention anerkannt zu werden. Und es gibt bis heute keinen einzigen von einem Gericht anerkannten »Armutsflüchtling« – es sei denn, er wurde durch diskriminierende Verfolgung arm gemacht.

Anders ist es bei den Verpflichtungen aus anderen menschenrechtlichen Verträgen, nach denen Menschen bei ernsthaftem Schaden nicht in ihre Heimat zurückgeschickt werden dürfen. Im Gegensatz zur Genfer Flüchtlingskonvention ist für diese Verträge keine Diskriminierung nötig. Hier kann sich das Recht weiterentwickeln. Wie in Neuseeland, wo 2014 ein Gericht erstmals die Gefahren des Klimawandels für ein humanitäres Bleiberecht berücksichtigte. In der europäischen Rechtsprechung dagegen muss der drohende Schaden, wenn er nicht unmittelbar menschgemacht ist, noch so hoch sein, dass Menschen, die vor der Armut oder vor den Folgen des Klimawandels flüchten, derzeit nicht als »ausreichend gefährdet« gelten.

Schließlich machen auch der Zusammenhang zwischen Armut und Krieg sowie der zwischen Klimawandel und Krieg deutlich, dass die Unterscheidung zwischen »Armutsflüchtlingen« und »echten« Flüchtlingen brüchig sein kann. Zwar ist die Beziehung zwischen Armut und der Entstehung von bewaffneten Konflikten viel unklarer als andersherum. Aber wir wissen auch, dass Armut ein Grund unter vielen sein kann, warum schwelende Konflikte zu Gewaltausbrüchen eskalieren: Je ärmer Haushalte sind, desto eher beteiligen sie sich indirekt und direkt an bewaffneten Konflikten. Nicht nur, weil sich Betroffene auf bewaffnete Gruppen verlassen in der Hoffnung, ihre prekäre Wirtschaftslage werde sich anschließend bessern, sondern auch, weil sie viel anfälliger dafür sind, für die aktive Beteiligung rekrutiert zu werden.[14]

Und Kriegsflüchtlinge sind fast immer auch Armutsflüchtlinge: Wissenschaftliche Untersuchungen haben bewaffnete Konflikte als eine der Hauptursachen für stagnierende wirtschaftliche Entwicklung ausgemacht. Sie töten Menschen und Tiere, rauben Land, zerstören Infrastruktur und Produktionsstätten, staatliche und private Institutionen, Netzwerke, Märkte.

Ähnliches gilt auch für den Klimawandel. Wenn Menschen vor Konflikten fliehen, deren Entstehung durch die Folgen des Klimawandels begünstig wurde, kann ihnen Schutz zustehen – zum Beispiel bei Konflikten, die ausgebrochen sind, weil der Klimawandel fruchtbaren Boden hat knapp werden lassen.

Ökonomen und Politikwissenschaftler haben inzwischen in mehreren Studien nachgewiesen, dass es einen statistischen Zusammenhang zwischen Extremwetterphänomenen und Bürgerkrieg gibt. Eine dieser Studien geht davon aus, dass die Wahrscheinlichkeit von bewaffneten Konflikten in der Südsahara bis 2030 um 54 Prozent steigen könnte.[15] Zwar ist es noch nicht letztgültig belegt, warum genau dieser Zusammenhang besteht. Forscher weisen aber auf die schlechtere Wirtschaftslage hin, die durch die Folgen des Klimawandels entsteht.

Das Flüchtlingsrecht ist besser als sein Ruf

Der Flüchtlingsschutz ist weltweit unter Druck. Erst waren es die Europäer, die flohen, dann die anderen. Erst war es politisch gewollt, Flüchtlingen zu helfen, dann wurden Hürden vor ihnen aufgebaut. Obwohl Flüchtlinge einen winzigen Teil der Gesamtmigration ausmachen, verschmolz Migration mit Flucht zur »letzten Bastion der Souveränität«. Überall wird versucht, bestimmte Menschen »draußen« zu halten – das trifft Flüchtlinge wie andere Migranten. Solche Versuche sind kein Phänomen allein der Industriestaaten: Auch Entwicklungs- und Schwellenländer errichten Hürden gegen unerwünschte Einwanderung, und die Rechte, die Flüchtlingen eigentlich zustehen, genießen sie dort selten. Allerdings nehmen diese Staaten auch weltweit fast neun von zehn Flüchtlingen auf.

Flüchtlingspolitik und Recht verfahren nach einem ähnlichen Prinzip wie die Migrationspolitik: der Auswahl. Sie sortieren Menschen in Kategorien ein – und sortieren Millionen aus. Doch das Flüchtlingsrecht tut dies nach menschenrechtlichen Kriterien, nicht nach wirtschaftlichen. Das Verständnis dessen, was Verfolgung ist und was Diskriminierungsgründe sind, hat sich in der Vergangenheit an unser Verständnis der internationalen Menschenrechte angepasst. Es hat vielfach

Schritt gehalten mit unserer eigenen Werteordnung. Daneben hat sich aber auch ein menschenrechtliches Pendant zur Genfer Flüchtlingskonvention entwickelt, das über die Konvention hinausgeht. Das Flüchtlingsrecht ist alt. Überholt ist es noch lange nicht.

Kapitel 4

Die Grenzen gehen,
die Grenzen kommen –
Flüchtlinge in der Europäischen Union

Die Flüchtlingspolitik wird europäisch

Von Schengen nach Brüssel

Europas Reaktion auf die weltweiten Flucht- und Vertreibungswellen war und ist voller Widersprüche. Auf der einen Seite hat man seit den achtziger Jahren verstärkt versucht, die Einreise von Flüchtlingen zu verhindern. Auf der anderen Seite aber hat die Europäische Union das Flüchtlingsrecht europaweit vereinheitlicht und war dabei an vielen Stellen fortschrittlich.

Die 1957 gegründete Europäische Gemeinschaft (EG) – der Vorgänger der heutigen EU – kannte keine gemeinsamen Rechtsinstrumente für Einwanderung und Asyl; sie überließ diese Themen voll und ganz den Mitgliedsstaaten. Erst der gemeinsame Binnenmarkt machte die Notwendigkeit gegenseitiger Absprachen zwischen den Mitgliedsstaaten deutlich. Ein Eckpunkt des gemeinsamen Marktes war nämlich, dass Staatsangehörige der EG in ein anderes Mitgliedsland einreisen und sich dort aufhalten durften. Menschen von außerhalb der EG, darunter auch Flüchtlinge, betraf das zunächst nicht. Das änderte sich, als in Europa die Grenzen fielen – in Schengen.

Schengen ist eine kleine Stadt im Dreiländereck Luxemburg–Frankreich–Deutschland. Schlagartig bekannt wurde sie, als Vertreter von Belgien, Deutschland, Frankreich, Luxemburg und den Niederlanden dort am 14. Juni 1985 das »Schengener Abkommen« unterschrieben. Darin vereinbarten die Regierungen der fünf EG-Staaten, fortan auf Kontrollen an ihren Binnengrenzen zu verzichten. Visa, die von den Behörden eines der Vertragsstaaten ausgestellt wurden, sind seitdem in der Regel für diesen sogenannten Schengen-Raum gültig (der inzwischen längst nicht mehr auf die ursprünglichen fünf Unterzeichnerländer begrenzt ist).

Mit dem Wegfall der Binnengrenzen konnte seitdem jeder – also auch Staatsangehörige von Nicht-EG-Ländern – unkontrolliert innerhalb der Union umherreisen. In den Hauptstädten Westeuropas legte man daher großen Wert darauf, die Außengrenzen möglichst streng und umfassend zu sichern.

Verhindern wollten die Regierungen aber auch, dass Asylsuchende von einem EG-Mitgliedsstaat in den nächsten »wanderten« und nacheinander mehrere Asylanträge stellten. Fünf Jahre später unterzeichneten sie daher ein Übereinkommen, das die Grenzkontrollen verstärkte, die Visumsvergabe vereinheitlichte und die polizeiliche Zusammenarbeit intensivierte. Daneben schuf das Abkommen nicht nur eine zentrale Personen- und Objektdatenbank (»Schengener Informationssystem«, SIS) sondern auch Regelungen darüber, wann welcher Staat für ein Asylverfahren zuständig ist und einen Flüchtling gegebenenfalls aus einem anderen Schengen-Staat zurücknehmen muss. Die Regelungen mündeten 1990 in einen Vertrag, unter dessen Folgen Flüchtlinge in Europa bis heute leiden: das »Dubliner Abkommen«.

Bis hierher, also 1990, war die EG als Organisation noch gar nicht in Erscheinung getreten, um bei der Flüchtlingspolitik mitzumischen. Die Regierungen aber hatten bereits wichtige Eckpunkte vereinbart, die später auch die Flüchtlingspolitik der Europäischen Union kennzeichnen würden. Denn von Schengen und Dublin ging es weiter nach Amsterdam. Dort änderten die Mitgliedsstaaten 1997 die EG-Gründungsverträge. Von nun an wurde »Schengen« eine Regelung der neu gegründeten Europäischen Union (EU) – nur Dänemark, Großbritannien und Irland entschlossen sich, an dem System nicht teilzunehmen. Gleichzeitig wurde die EU erstmals auch für die Migrations- und Flüchtlingspolitik zuständig: Von nun an konnte sie EU Regelungen zum Flüchtlingsrecht, aber auch zum Grenzschutz und zur Rückführung von Menschen ohne Aufenthaltsstatus treffen. Erstmals konnte mit dem Europäischen Gerichtshof auch ein EU-Gericht über die Migrations- und Flüchtlingspolitik urteilen.

Gleichwohl versuchen die Mitgliedsstaaten weiterhin, ihre Souveränität und ihren Entscheidungsspielraum bei Einwanderung und Flüchtlingsschutz zu behalten. Das erzeugt Reibungen – selten allerdings zum Wohl der Flüchtlinge. Deutlich wird das am Schutz der Außengrenzen, an der Verteilung von Asylsuchenden und am »Gemeinsamen Europäischen Asylsystem«.

Schutz den Grenzen oder den Flüchtlingen?

Push backs auf See

Die EU-Grundrechtecharta und andere internationale und europäische Regelwerke garantieren jedem Menschen, nicht in ein Land zurückgeschoben zu werden, in dem ihm ein schwerer Schaden droht. Damit dieses Recht gewahrt wird, sehen die Regeln für jeden ein faires Asylverfahren vor, inklusive ausreichenden Rechtschutzes gegen die Ablehnung eines Asylantrags und gegen einen Abschiebebeschluss. Das gilt auch für jene, die beim Versuch einer ungenehmigten Einreise abgefangen werden, aber eine Gefahr von Menschenrechtsverletzungen im Falle ihrer Zurückschiebung glaubhaft machen können. Sie ohne ein Asylverfahren auszuweisen ist schlichtweg illegal.

NGOs und andere Organisationen berichten dennoch seit Jahren von Fällen, in denen Militär oder Küstenwache Flüchtlingsboote auf dem Meer abfangen und die Menschen an Bord so an der Einreise nach Europa hindern. Mal geschieht das unter Einsatz von Waffengewalt, dann wieder indem man die Boote in Gewässer zurückschleppt, die nicht zur EU gehören. *Push backs* werden solche Operationen genannt – und sie können tödlich enden.

Ein krasses Beispiel dafür ist ein Vorfall, der sich an der griechischen Grenze ereignet hat. Vor der Insel Farmakonisi in der Ägäis, unweit der Seegrenze zur Türkei, starben in der Nacht zum 20. Januar 2014 zwölf Flüchtlinge aus Syrien und Afghanistan. Offenbar hatte die griechische Küstenwache ihr Boot zurück zur türkischen Küste schleppen wollen. Ein klarer Rechtsverstoß. Überlebende berichteten dem UNHCR später, dass ihr Boot kenterte, als das griechische Küstenwachschiff es bei unruhiger See und mit hoher Geschwindigkeit in Schlepptau nahm. Nichts spricht dafür, dass es sich bei der Aktion um einen Rettungseinsatz gehandelt haben könnte, wie es die Küstenwache später behauptete. Weder nahm die Küstenwache die Flüchtlinge an Bord, noch wurden ihnen Rettungswesten angelegt. Stattdessen wurden die Menschen ihrem Schicksal überlassen. Die Frauen und Kinder unter Deck hatten keine Chance, sich rechtzeitig zu befreien. Nach dem »Unglück« nahm die Küstenwache 16 Überlebende an Bord und drehte ab. Es wurden keine Taucher zur Lebensrettung eingesetzt, obwohl Menschen in Sauerstoffblasen manchmal noch geraume Zeit überleben können.[1]

Erst nach mehreren Wochen wurde das gesunkene Schiff mit den Toten geborgen. Die zuständige griechische Staatsanwaltschaft entschied im Sommer 2014, keine Anklage gegen die beteiligten Angehörigen der Küstenwache zu erheben. Dabei übernahm sie nach Angaben griechischer Juristen ungeprüft die Behauptung der Behörden, es gäbe grundsätzlich keine *push backs* durch die griechische Küstenwache – eine Behauptung, deren Wahrheitsgehalt zumindest zweifelhaft ist.[2]

Farmakonisi ist kein Einzelfall. Schon zuvor hatte etwa Amnesty International in einem Bericht aus dem Juli 2013 mehrere Vorfälle dokumentiert, in denen Menschen beim Versuch, die Ägäis von der Türkei aus nach Griechenland zu überqueren, in türkische Gewässer zurückgedrängt wurden.

Diese Erfahrung machte auch ein 17-jähriger Afghane, der gemeinsam mit seinen jüngeren Geschwistern auf dem Seeweg Europa erreichen wollte. Beamte der Küstenwache entdeckten das Boot, stoppten es und schlugen die Menschen an Bord. Anschließend montierten sie den Außenbordmotor ab und ließen die 42 Insassen hilflos auf dem offenen Meer treiben. Dort wurden sie schließlich von der türkischen Küstenwache aufgegriffen und festgenommen.[3] Hier kam zwar zum Glück niemand ums Leben; aber wie im Fall Farmakonisi hatte die Tatsache, dass Menschen absichtlich in Lebensgefahr gebracht worden sind, für die Verantwortlichen keinerlei Konsequenzen.

Ähnlich erging es einer Gruppe syrischer Flüchtlinge, die am 17. November 2013 auf dem Weg zur griechischen Insel Samos war. Ihr Schlauchboot wurde von der griechischen Küstenwache aufgehalten, die ihnen ihre Wertsachen abnahm, ihre Dokumente im Meer verschwinden ließ und das Schlauchboot nebst Insassen zurück in die Türkei schleppte.

Griechenland ist nicht das einzige Land, das Flüchtlinge zurückschiebt: Die EU-Grundrechteagentur zitiert Interviews mit zwei afrikanischen Flüchtlingen, die 2010 und 2011 versucht hatten, von Marokko aus auf dem Seeweg nach Spanien zu gelangen. Die Boote, in denen die Männer saßen, waren von spanischen Schiffen abgefangen worden. Ohne Einzelfallprüfung hatte man die Flüchtlinge gezwungen, nach Marokko zurückzukehren[4] – auch das ein klarer Verstoß gegen gültiges Recht.

Ganz und gar kein Geheimnis sind die zahlreichen Zurückweisungen von Flüchtlingen nach Libyen durch italienische und maltesische Behörden bis 2011. Schiffe der Küstenwachen schleppten die ankommenden vollen Boote schlicht und einfach zurück.[5] In ein Land, das kein Asyl kennt. Dessen damaliger Chef der Einwanderungsbehörde der Meinung war, es gäbe keine Flüchtlinge in Libyen: »Es sind Leute, die hier illegal hereinschleichen und nicht als Flüchtlinge bezeichnet werden können.«[6] In ein Land, das deshalb alle Neuankömmlinge ohne Aufenthaltserlaubnis ins Gefängnis steckt. Betroffene berichten, sie seien in einer Gruppe von 65 Personen in einem 40 Quadratmeter großen Raum eingesperrt und von den Wärtern mit Stöcken geschlagen worden.[7]

Push backs an Land

Operationen wie die oben geschilderten finden nicht nur auf See, sondern auch an Land statt: Am 12. Oktober 2013 überquerten 150 Personen den Evros an der Grenze zwischen der Türkei und Griechenland. Die Menschen kamen aus Syrien und hatten lange auf diese Gelegenheit gewartet. In kleinen

Plastikbooten ruderten sie in der Dunkelheit durch die starke Strömung zur griechischen Seite des Flusses. Schwimmen wäre zu gefährlich gewesen. Am Ufer angekommen, fuhren sie in kleineren Gruppen mit Lastwagen weiter. Alle wurden von der Polizei gefasst, ausgeraubt und per Boot in die Türkei zurückgebracht.

Auch von Malta werden Zurückweisungen ohne Einzelfallprüfung berichtet. So wollten am 9. Juli 2013 die dortigen Behörden 45 Männer aus Somalia per Flugzeug in das vom Bürgerkrieg und willkürlicher Gewalt geschüttelte Libyen zurückschicken. Die Männer waren am selben Morgen zusammen mit Frauen und Kindern in Booten auf Malta gelandet. Ihnen wurde nicht nur der Kontakt mit NGOs oder dem UNHCR verweigert, sondern auch das Recht abgesprochen, einen Asylantrag zu stellen. Stattdessen sollten die Männer von ihren Angehörigen getrennt und nach Libyen verbracht werden, wo sie von einer »Kettenabschiebung« nach Somalia und von anderen Menschenrechtsverletzungen bedroht gewesen wären. Erst eine Eilentscheidung des Europäischen Gerichtshofs für Menschenrechte stoppte die Operation.[8]

Nicht viel besser ist es in Bulgarien. So wirft Amnesty International dem Land vor, Flüchtlinge an einer Einreise auf EU-Gebiet zu hindern. »Amnesty International hat zusätzlich mehrere Zeugenaussagen gesammelt, nach denen sogenannte *push backs* in die Türkei stattgefunden haben sollen, die sowohl gegen Bulgariens internationale Verpflichtungen sowie gegen EU-Recht verstoßen«, so die Menschenrechtsorganisation.[9]

Aber auch die Beamten der paramilitärischen Polizei *Guardia Civil* sind wenig zimperlich, wenn es darum geht, ankommende Flüchtlinge von der spanischen Grenze fernzuhalten. Am 6. Februar 2014 ertranken an der Grenze zur spanischen Exklave Melilla mindestens 15 Menschen bei dem Versuch, den Grenzzaun im Meer zu überwinden. Medien und Menschenrechtsorganisationen zitierten Überlebende mit der Aussage, die Grenzschützer hätten mit Gummikugeln gezielt auf die Flüchtlinge geschossen und absichtlich Autoreifen zerstört, die viele als Schwimmhilfen benutzt hatten.

Im März 2014 schossen die Beamten der *Guardia Civil* erneut mit Gummigeschossen und Schreckschusspistolen auf Flüchtlinge, die den Grenzwall zwischen Marokko und der spanischen Exklave Ceuta zu umschwimmen versuchten. In der ausbrechenden Panik ertranken neun Menschen.[10]

Die Reihe der Zwischenfälle reißt nicht ab. So setzten am 15. Oktober 2014 Angehörige der spanischen *Guardia Civil* und der paramilitärischen marokkanischen Hilfseinheiten Schlagstöcke gegen mehrere Afrikaner ein, die versuchten, den Zaun um die Exklave Melilla zu überwinden. Mehrere Menschen wurden verletzt. Die Migranten wurden, ohne dass sie ein Schutzbegehren hätten geltend machen können, den marokkanischen Behörden übergeben. Ein Jahr zuvor hatte der spanische Innenminister bekanntgegeben, dass die Grenzanlage um Melilla wieder mit messerscharfem Stacheldraht gesichert werde, um Migranten abzuschrecken. Ebendieser Stacheldraht war im Jahr 2006 entfernt worden, weil sich immer wieder Flüchtlinge daran verletzt hatten.

Spaniens Innenministerium hat inzwischen zwar angekündigt, an den Grenzübergängen der beiden Exklaven Asylzentren einzurichten, bei denen Schutzsuchende einen Antrag auf Asyl stellen könnten.[11] Doch marokkanische Sicherheitskräfte würden den Zugang kontrollieren – so besteht die Sorge, dass sie Menschen aus afrikanischen Staaten gar nicht erst in die Zentren vorlassen.

Das Muster, das sich in diesen und vielen anderen Fällen zeigt, ist erschreckend: Unter Zwang und Einsatz physischer Gewalt haben Grenzschützer europäischer Staaten in der Vergangenheit Flüchtlinge an der Einreise in die EU gehindert. Damit haben sie internationale, europäische und nationale Regeln mit Füßen getreten. Aber niemand wurde dafür je zur Rechenschaft gezogen. Selbst dort, wo sich Zeugen finden, wo Überlebende ihre Angst überwinden und bereit sind, Aussagen zu machen, werden Strafverfahren gegen die Täter in Uniform nicht einmal eingeleitet.

Trotz der teils eklatanten Verstöße hat bislang kein europäischer Staat seine internationalen Rechtsverpflichtungen offen geleugnet. Von neuer Qualität ist daher eine Gesetzesinitiative, die im spanischen Parlament diskutiert wird: Am 22. Oktober 2014 legte die »Grupo Parlamentario Popular« einen Änderungsvorschlag zum Entwurf über das Gesetz für öffentliche Sicherheit vor. Die Gesetzesänderung würde es legalisieren, Migranten, inklusive Flüchtlinge, an den Grenzen von Ceuta und Melilla abzuweisen. Menschenrechtliche Klauseln sieht der Entwurf nicht vor. Sollte der Entwurf vom Parlament verabschiedet werden, wäre das ein offener und direkter Verstoß gegen internationales Recht: Asylsuchenden würde erstens der Zugang zu einem Asylverfahren in Spanien verwehrt. Zweitens könnte dadurch der Grundsatz der Nichtzurückweisung *(non-refoulement)* verletzt werden, da Flüchtlinge und Asylsuchende in Marokko nicht nur keinen Schutz finden können, sondern auch Gefahr laufen, wieder in Länder zurückgeschickt zu werden, in denen ihnen Verfolgung droht (auf die Situation in Marokko und in anderen Transitländern werden wir weiter unten noch eingehen). Drittens würde damit gegen das Verbot von Kollektiv- oder Kettenausweisungen verstoßen.

Die Grenze vor der Grenze: Transitstaaten als verlängerter Arm des EU-Grenzschutzes

Längst sind es nicht nur die europäischen Grenzschützer, die dafür sorgen, dass möglichst wenige Migranten die EU erreichen. Transitländer, von denen aus Flüchtlinge die Überfahrt nach Europa anzutreten versuchen, kooperieren bei der Grenzkontrolle mit den Mitgliedsstaaten der Union und verhindern ungenehmigte Ausreisen. Dieses Vorgehen wird häufig als *pull back* bezeichnet.

Zu beobachten ist es zum Beispiel in Bulgarien: Dort hat man nicht nur mehr Personal zum Grenzschutz eingesetzt und einen Zaun an den für irreguläre Übertritte besonders stark genutzten Stellen der Grenze errichtet. Laut Amnesty International nutzt Bulgarien die Grenzüberwachung auch, um gezielt türkische Kollegen zum Handeln aufzurufen. In dem Bericht heißt es, Bulgarien habe ein »integriertes Grenzüberwachungssystem einschließlich Kameraüberwachungen des türkischen Grenzgebiets errichtet«. Sobald die Kameraüberwachung Personen zeige, die sich der Grenze nähern, »informiert die bulgarische Grenzpolizei die türkischen Behörden, um diese Personen aufzuhalten.«[12]

Eine ähnlich enge Kooperation besteht zwischen den Grenzschützern Mauretaniens und Spaniens. Waren 2006 noch Hunderte von Menschen über Mauretanien auf die Kanarischen Inseln gekommen, spielt das westafrikanische Land heute als Startpunkt für die Überfahrt nach Europa kaum noch eine Rolle. Die spanische Regierung konnte Mauretanien zur Zusammenarbeit bewegen; seitdem darf die spanische *Guardia Civil* zusammen mit mauretanischen Sicherheitskräften den Hafen von Noadhibou sowie die Küste überwachen und abfahrende Boote stoppen. Über Jahre hinweg wurden aufgegriffene Personen in »Guantanamito« eingesperrt. Die ehemalige Schule war von der spanischen Armee zur Hafteinrichtung umgebaut worden und erhielt ihren Namen wegen der dort herrschenden schlechten Haftbedingungen. Nach der Haft wurden die Flüchtlinge in Staaten wie Mali oder den Senegal abgeschoben.

Eine ähnliche Zusammenarbeit hat Spanien mit dem Senegal und mit Marokko. Auch hier sind spanische Grenzschützer gemeinsam mit einheimischen Sicherheitskräften tätig, um die irreguläre Einreise nach Europa zu verhindern. Tunesien geht sogar noch einen Schritt weiter und verbietet per Gesetz die »illegale Ausreise« nach Europa.

Zurück an Absender: Rückübernahmeabkommen mit Drittstaaten

Ein wichtiger Baustein der Zusammenarbeit zwischen den Staaten der Europäischen Union, Herkunfts- und Transitländern sind Rückübernahmeabkommen. Es gibt keine amtliche Übersicht darüber, welcher einzelne EU-Mitgliedsstaat mit welchem Drittland derartige Abkommen geschlossen hat. Zum Teil werden die Texte nicht einmal offiziell bekanntgemacht. Jeder EU-Staat kann hier schalten und walten, wie er will. Gleichzeitig verhandelt aber auch die Europäische Union selbst Rückübernahmeabkommen mit Drittstaaten. Das macht die Lage unübersichtlich. Die EU hat seit 2002 sechzehn Rückübernahmeabkommen mit Drittstaaten geschlossen, zuletzt mit der Türkei. Außerdem hat die Kommission Mandate für Verhandlungen über solche Abkommen mit Weißrussland, China und Algerien erhalten. Ein Rückübernahmeabkommen mit Marokko soll folgen.

Rückübernahmeabkommen der EU mit Drittstaaten

Drittstaat	Unterschrieben am	In Kraft seit
Albanien	14. April 2005	1. Mai 2006
Armenien	19. April 2013	1. Januar 2014
Aserbaidschan	29. November 2013	1. September 2014
Bosnien-Herzegowina	18. September 2007	1. Januar 2008
Kap Verde	18. April 2013	
EJR Mazedonien	18. September 2007	1. Januar 2008
Georgien	22. November 2010	1. März 2011
Hongkong	27. November 2002	1. März 2004
Macao	13. Oktober 2003	1. Juni 2004
Moldawien	10. Oktober 2007	1. Januar 2008
Montenegro	18. September 2007	1. Januar 2008
Pakistan	26. Oktober 2009	1. Dezember 2010
Russische Föderation	25. Mai 2006	1. Juni 2007
Serbien	18. September 2007	1. Januar 2008
Sri Lanka	4. Juni 2004	1. Mai 2005
Türkei	16. Dezember 2013	1. August 2014
Ukraine	18. Juni 2007	1. Januar 2008

Rückübernahmeabkommen regeln zunächst, dass jede Vertragspartei *eigene Staatsangehörige* wieder übernimmt, die sich ohne Genehmigung auf dem Territorium der anderen Vertragspartei aufhalten. So hat sich die Russische Föderation verpflichtet, alle ihre Staatsangehörigen, die aus der EU abgeschoben werden sollen, wieder aufzunehmen.

Problematisch wird es allerdings, wenn diese Verträge nicht nur die eigenen Staatsangehörigen betreffen, sondern auch Staatenlose oder Menschen mit anderer Nationalität. Viele Rückübernahmeabkommen – vor allem diejenigen der EU – sehen vor, dass auch Transitländer Flüchtlinge aus anderen Ländern zurücknehmen müssen. Pakistan hat sich beispielsweise bereit erklärt, afghanische Staatsangehörige wieder aufzunehmen, die sich vor ihrer Weiterreise nach Europa in Pakistan aufgehalten haben.

Gravierender Schwachpunkt solcher Übereinkünfte: Weder die bilateralen noch die von der EU geschlossenen Verträge enthalten wirksame Menschenrechtsgarantien. Für die Betroffenen kann sich das als fatal erweisen. Zwar ist immer eine Klausel zu finden, nach der völkerrechtliche Verpflichtungen der Vertragsparteien von den Abkommen nicht berührt werden. Aber das stellt keinerlei wirksame menschenrechtliche Garantie dar, vor allem nicht gegen Kettenabschiebungen in einen Verfolgerstaat. Auch eine menschenrechtlich korrekte Behandlung in dem Land, das die Flüchtlinge zurücknimmt, ist nicht gesichert. Es gibt in den Abkommen weder entsprechende Regelungen, noch sind Überprüfungsmechanismen vorgesehen, mit deren Hilfe sich etwas über die tatsächliche Lage vor Ort in Erfahrung bringen ließe. Das Fehlen solcher Mechanismen ist besonders besorgniserregend bei Vertragsstaaten wie der Russischen Föderation, Pakistan oder der Ukraine, wo Flüchtlinge kaum Rechte genießen.

Brüchige Sicherheit:
Transitländer bieten Flüchtlingen keinen Schutz

Eine Kooperation zwischen der EU und ihren Mitgliedsstaaten mit den Transitländern könnte man noch akzeptieren, wenn Flüchtlinge dort Sicherheit fänden und in den Genuss der ihnen zustehenden Rechte kommen würden. Das ist aber keineswegs der Fall.

Zum Beispiel in Tunesien, das sich noch immer in einer fragilen Umbruchphase befindet. Wie sich der Dauerkonflikt zwischen moderat-islamischen und säkularen Fraktionen entwickelt, ist nicht absehbar. Die Einheit des Landes und die Autorität der Zentralregierung werden zumindest in einigen Provinzen wie El Kef und Sidi Bouzid in Frage gestellt; dort sind Ansätze zur Etablierung eigenständiger Verwaltungsstrukturen erkennbar. Die Situation in den Nachbarstaaten, vor allem in Ägypten und Libyen, trägt ebenfalls nicht gerade zur Beruhigung der Lage in Tunesien bei.

Vor diesem Hintergrund legte der Sonderberichterstatter der Vereinten Nationen für die Rechte von Migranten, François Crépeau, dem UN-Menschenrechtsrat im Mai 2013 einen sehr ernüchternden Bericht über die Lage von Migranten in Tunesien vor.[13] Darin begrüßt er zwar, dass Tunesien zwar der Genfer Flüchtlingskonvention und deren Zusatzprotokoll beigetreten sei und gegenwärtig mit Hilfe des UNHCR an der Ausarbeitung eines Asylgesetzes arbeite. Gleichzeitig kritisiert er, dass effektive Schutzmechanismen fehlten. Stattdessen seien sogar alte Gesetze in Kraft geblieben – wie das bereits erwähnte, das die ungenehmigte Ausreise unter Strafe stellt. Menschen, die Schutzbegehren geltend machten, seien an der Grenze zu Libyen ohne Prüfung ihres Asylgesuchs zurückgewiesen worden.

Andere würden in einer der zahlreichen Hafteinrichtungen festgehalten, von denen einige offiziell gar nicht existierten. Dort bestehe für sie aber keine echte Möglichkeit, einen Antrag auf Flüchtlingsschutz zu stellen.

Crépeau beklagte zudem, dass es in Tunesien nach wie vor ein Flüchtlingscamp gibt, das der UNHCR im Sommer 2013 offiziell geschlossen hat. Das Shousha-Camp war in der Folge des libyschen Bürgerkriegs entstanden. Die meisten der Menschen, die hier Zuflucht gefunden hatten, befinden sich zwar inzwischen in aufnahmebereiten Drittländern *(Resettlement)* oder konnten in ihre Herkunftsregion zurückkehren. Gleichwohl verblieben einige hundert Flüchtlinge in dem Lager, weil für sie keine *Resettlement*-Möglichkeiten bestanden, sie sich aber wegen der fremdenfeindlichen Stimmung in Teilen der tunesischen Gesellschaft auch nicht dort niederlassen oder in ihre Herkunftsregionen zurückkehren konnten oder wollten. Der UN-Sonderberichterstatter forderte die tunesische Regierung auf, für diese Menschen dauerhafte Lösungen zu finden. Bis heute ist in dieser Sache kaum etwas geschehen.

Selbst im eigentlich sehr stabilen Marokko sind die Verhältnisse für Schutzsuchende immer noch schlecht. Zwar planen König und Regierung Gesetzesvorhaben zur Legalisierung des Aufenthalts irregulär eingewanderter Migranten, zu Asyl und Flüchtlingen. Auch werden Migranten nicht mehr an der Grenze zu Algerien in der Wüste ausgesetzt. Doch stattdessen werden sie, wenn sie irgendwo aufgegriffen worden sind, von der Polizei in die Hauptstadt Rabat gebracht und dort etwa an der Busstation faktisch ohne jede Hilfe auf die Straße gesetzt. Viele der Betroffenen klopfen vergeblich an die Türen von Hilfsorganisationen wie der Caritas, deren Kapazitäten längst erschöpft sind. Selbst der Zugang zur Krankenversorgung, der offiziell jedem Menschen in Marokko offensteht, ist in der Praxis nur mit der Unterstützung von privaten Organisationen möglich.

Angesichts der hohen Arbeitslosenrate ist eine Integration in Marokko sehr schwierig. Hinzu kommt eine rassistische Abwehrhaltung in der Gesellschaft vor allem gegen Menschen aus dem subsaharischen Afrika, die es den Betroffenen zum Beispiel schwermacht, eine Wohnung anzumieten. An einer effizienten Integrationspolitik, die dem entgegenwirken könnte, fehlt es weiterhin. Stattdessen ist das amtliche Handeln stark auf Abwehr und Schutz der inneren Sicherheit ausgerichtet; Flüchtlinge werden als potenzielle Bedrohung wahrgenommen. Vertreter marokkanischer Nichtregierungsorganisationen haben die marokkanische Flüchtlingspolitik denn auch als »Sicherheitspolitik« bezeichnet.

Die Liste der Probleme in den verschiedenen Transitländern ließe sich noch verlängern. Gemeinsam ist ihnen allen, dass wirksamer, verlässlicher Schutz im Einklang mit den Vorgaben des internationalen Rechts dort fehlt. Trotzdem versuchen die Europäische Union und ihre Mitgliedsstaaten, mit diesen Ländern Vereinbarungen zu schließen, mit denen sie faktisch die Verantwortung für den Flüchtlingsschutz von Europa weg auf die Transitstaaten schieben wollen.

Frontex: Verursacher oder Erfüllungsgehilfe?

Von der Kälte des Wassers, der Angst und Erschöpfung spüren sie in Warschau wenig. In einem Hochhaus dort hat eine EU-Agentur ihren Sitz, die eher ihres Namens wegen als wegen ihrer tatsächlichen Macht zum Synonym des europäischen Grenzschutzes geworden ist: die Agentur für die Kontrolle der Außengrenzen, *Frontières Extérieures,* bekannt als Frontex. Im Warschauer Lagezentrum laufen alle Informationen zusammen, die die Grenzschützer an den Außengrenzen der EU sammeln – zu Land, zur See und in der Luft. Auch auf die Satellitenbilder des europäischen Erdbeobachtungsprogramms Copernicus – eigentlich für Klima- und Umweltdaten entwickelt – können die Mitarbeiter zurückgreifen. Im *Situation Room* erscheinen die erfassten Vorfälle auf den großen Bildschirmen als kleine Punkte. Viele kleine Punkte ergeben Linien, Dreiecke, Kreise – ein Kaleidoskop geglückter und gescheiterter Grenzübertritte.

Bei Frontex würden sie sich unverstanden fühlen, wenn man sie nach der Verantwortung Europas für die Toten an den Grenzen fragte. Weniger irreguläre Grenzübertritte bedeuten weniger Menschen, die der Gefahr ausgesetzt sind – so könnte man vereinfacht die Frontex-Position wiedergeben. Wenn etwas nicht korrekt läuft, dann sind die jeweiligen Grenzschützer der Mitgliedsstaaten verantwortlich. Denn nach eigenem Selbstverständnis unterstützt Frontex die Mitgliedsstaaten lediglich bei ihrer Arbeit – und das natürlich streng in Einklang mit europäischen Grundrechten.

Die EU-Mitgliedsstaaten haben alleine in Griechenland und Bulgarien knapp 3500 Polizisten und Soldaten an der Grenze zur Türkei stationiert. Es sind vor allem Beamte aus Bulgarien und Griechenland selbst, aber auch ihre europäischen Kollegen helfen aus. Deutschland entsendet jährlich etwa hundert Bundespolizisten. Frontex koordiniert, unterstützt Behörden technisch und personell und organisiert die Kooperation mit Drittländern. Zu ihrem Aufgabenfeld gehört inzwischen auch die Organisation gemeinsamer Abschiebungsoperationen.

Die Verantwortung für Menschenrechtsverstöße an den Außengrenzen lässt sich nicht einfach nach einem »Schwarz-Weiß«-Schema festlegen. Formal besteht die Kernaufgabe von Frontex aus der Koordination von Aktivitäten der Mitgliedsstaaten. Die Agentur betont immer wieder, man werde nicht aus eigenem Antrieb tätig, sondern reagiere auf Anforderungen durch die nationalen Behörden. Damit geriert sie sich sozusagen als unpolitischer »Orchesterdirigent«. Die Mitgliedsstaaten ihrerseits sind offenbar froh, dass sich die Proteste gegen das europäische Grenzschutzregime vor allem gegen Frontex richten und sie selbst nicht im Rampenlicht stehen.

In der Tat bleiben Mitgliedsstaaten die eigentlich Verantwortlichen: Denn letztendlich entscheidet vor Ort nicht ein Frontex-Beamter aktiv darüber, ob eine Person an der Grenze abgewiesen wird oder nicht. Darüber entscheiden Bedienstete der jeweiligen nationalen Grenzschutzeinheit. Und die wiederum folgen den Richtlinien, die Mitgliedsstaaten über den Verwaltungsrat bestimmt haben. Diesen Richtlinien hat auch Frontex zu folgen. Es sind also die EU-Mitgliedsstaaten, die theoretisch haftbar zu machen wären, wenn es im Rahmen von Grenzschutzeinsätzen zu Menschenrechtsverletzungen kommt.

Gleichwohl ist Frontex kein blinder Erfüllungsgehilfe der Mitgliedsstaaten, sondern trägt als EU-Agentur mit eigener Rechtspersönlichkeit auch selbst Verantwortung für die menschenrechtlichen Folgen ihres Handelns. Die Agentur arbeitet mit den Mitgliedsstaaten die Pläne für gemeinsame Grenzschutzoperationen aus, schließt weitgehend selbständig Abkommen mit Drittstaaten und liefert mit ihren Risikoanalysen und Lageeinschätzungen die Daten, deren sich die Mitgliedsstaaten bei der Planung ihrer eigenen Einsätze bedienen. Mit ihrer Kooperationstätigkeit sorgt Frontex zudem dafür, dass Grenzschutzmaßnahmen effektiver und die Grenzen damit auch für Schutzsuchende undurchlässiger werden. Sie muss sich deshalb zumindest den Vorwurf gefallen lassen, bisher keine wirklichen Anstrengungen unternommen zu haben, um den Flüchtlingsschutz an den Außengrenzen der EU sicherzustellen.

Darüber hinaus könnte Frontex von den Mitgliedsstaaten höhere Schutzstandards einfordern. Doch Frontex verweist gerne darauf, dass es ja nur eine »koordinierende Rolle« habe und die eigentliche Verantwortung beim federführenden Einzelstaat oder der EU liege. Ein Hin- und Herschieben von Verantwortung ist aber keine Lösung des Problems.

Auch eine Abschaffung von Frontex, wie sie manchmal gefordert wird, würde keines dieser Probleme lösen. Im Gegenteil: Damit wäre man gezwungen, statt auf eine einzelne Agentur auf 28 nationale Grenzschutzbehörden einwirken zu müssen, um eine menschenrechtskonforme Grenzpolitik umzusetzen. Dem Flüchtlingsschutz wäre damit nicht gedient. Trotzdem: Die EU-Staaten dürfen sich nicht hinter Frontex verstecken. Sie müssen konkrete, tatsächlich wahrnehmbare Beschwerdemöglichkeiten für Migranten einrichten, die an den Grenzen abgewiesen wurden. Die – oftmals katastrophale – Situation in Drittstaaten, in die Menschen zurückgeschoben werden, muss auch Frontex berücksichtigen. Und schließlich braucht es Mechanismen, die verlässlich sicherstellen, dass Schutzbedürftige erkannt werden und Schutz erhalten.

Gebrochene Versprechen:
Aus »Frontex Plus« wird »Triton«

Eine besonders aufschlussreiche Diskussion über den Schutz von Menschen auf hoher See konnte man im Spätsommer 2014 verfolgen. Die italienische Marine hatte in einer Operation mit dem Namen *Mare Nostrum* (»Unser Meer«) seit Oktober 2013 mehr als 140 000 Menschen aus Seenot gerettet. Gleichwohl waren nach Schätzungen des UNHCR in diesem Zeitraum ungefähr 3000 Menschen beim Versuch, nach Europa zu gelangen, ums Leben gekommen. Die Kosten für *Mare Nostrum* hatte der italienische Staat getragen. Innenminister Angelino Alfano forderte deshalb die EU-Kommission auf, die finanzielle Verantwortung für Rettungsoperationen auf dem Mittelmeer zu übernehmen, weil es sich um eine gesamteuropäische Aufgabe handele. Die damalige EU-Kommissarin für Innenpolitik, Cecilia Malmström, sagte dies der italienischen Regierung zunächst auch öffentlich zu: Frontex werde zu diesem Zweck eine eigene Operation starten – mit dem Namen »Frontex Plus«. Auf kritische Nachfragen im Innenausschuss des Europäischen Parlaments hin musste die Kommissarin aber später einräumen, dass Seenotrettung gar nicht zum Aufgabenkatalog von Frontex gehört. Hätte man eine Operation zur Rettung von Schiffbrüchigen bei der Grenzschutzagentur anhängen wollen, wäre es erforderlich gewesen, die Frontex-Verordnung zu ändern. Darauf wollte sich die Innenkommissarin, deren Amtszeit gerade ablief, aber nicht mehr einlassen.

Das Ende des Liedes: Frontex startete zwar am 1. November 2014 eine neue Operation, benannt nach dem griechischen Meeresgott Triton. Diese aber ist eine reine Grenzschutzoperation; sie hat laut Mandat keine Seenotrettung zum Ziel. Die britische Sonntagszeitung *The Observer* zitierte Frontex-Sprecherin Izabella Cooper mit der klaren Aussage: »*Triton* ist eine Operation zur Grenzkontrolle, die sich auf Überwachung konzentriert.«[14] Im Übrigen ist *Triton* auch vergleichsweise klein ausgestattet: Mit einem Budget von 2,9 Millionen Euro pro Monat, fünf Schiffen, zwei Patrouillenbooten, zwei Flugzeugen und einem Hubschrauber sollen die zu Italien gehörenden Teile des Mittelmeeres überwacht werden.

Es waren die anderen europäischen Hauptstädte, die es ablehnten, der EU die Verantwortung für die Seenotrettung zu übertragen. Auch *Mare Nostrum* war einigen ein Dorn im Auge. Der Grund: Die Rettung Schiffbrüchiger würde nur noch mehr Flüchtlinge anlocken, sich auf unsicheren Booten nach Europa zu begeben.

EUROSUR: Die Technisierung der Grenzüberwachung

Mit dem europäischen Grenzüberwachungssystem EUROSUR, das im Oktober 2013 offiziell aus der Taufe gehoben wurde[15], soll die Kontrolle der Außengrenzen auch technisch perfektioniert werden. Es gibt zwar erhebliche Zweifel daran, dass sich die hohen Erwartungen erfüllen lassen und der vorgesehene Kostenrahmen eingehalten werden kann. Trotzdem setzen Kommission und Mitgliedsstaaten – mit dem Einverständnis einer Mehrheit im Europäischen Parlament – alles daran, das System einsatzklar zu machen.

EUROSUR sieht vor, Daten und Informationen mit jenen aus Drittstaaten abzugleichen und unter anderem Satelliten und Drohnen beim Grenzschutz einzusetzen. Natürlich geht von dieser Technologie an sich keine Gefahr für den Flüchtlingsschutz aus – es kommt auf ihre Nutzung an. So wird gerne behauptet, EUROSUR diene der Rettung schiffbrüchiger Flüchtlinge. Zwar wird die Seenotrettung im EUROSUR-Mandat erwähnt. Tatsächlich aber kann EUROSUR dazu beitragen, Flüchtlingsboote in Kooperation mit nordafrikanischen Staaten schon beim Ablegen von der afrikanischen Küste zu stoppen. Die engmaschige Grenzsicherung, die mit EUROSUR angestrebt wird, würde damit die Möglichkeiten für Schutzsuchende verringern, ohne Visa einzureisen und einen Asylantrag zu stellen. In diesem Fall ist zu erwarten, dass Flüchtlinge auf noch gefährlichere Routen ausweichen, um die besonders gesicherten Teile der EU-Außengrenzen zu umgehen.

Verschiebebahnhof Dublin oder die Verteilung der Asylsuchenden in Europa

Von Dublin I zu Dublin III

Die enormen Anstrengungen, die zur Grenzsicherung unternommen werden, stehen in Zusammenhang mit der Regel, dass derjenige EU-Staat einen Asylsuchenden aufnehmen muss, der diesen Menschen »hereingelassen« hat. Die Folge: Wenn ein Staat seine Außengrenzen nicht stark genug sichert, muss er eine größere Zahl von Asylsuchenden versorgen. Diese Regel ist Bestandteil eines Vorschriftenpakets, das unter dem Namen »Dublin« bekanntgeworden ist.

Am 15. Juni 1990 unterzeichneten in der irischen Hauptstadt

Dublin Regierungsvertreter aus zwölf EU-Ländern, darunter auch Deutschland, ein Übereinkommen zur »Verteilung« von Asylsuchenden.[16] Diese Regeln traten 1997 in Kraft, zuständig für einen Asylantrag war demnach automatisch der Vertragsstaat, den der Flüchtling als Erstes betreten hat.

Wie das Schengener Abkommen war dieses Übereinkommen zunächst keine EG-Regelung. Doch 2003 wurde das Dubliner Abkommen zu einer europäischen Verordnung – das heißt ein direkt anwendbares EU-Gesetz. Häufig auch »Dublin-II-Verordnung« genannt, wurde sie 2013 durch eine Neufassung abgelöst – »Dublin III«. Die Grundzüge des Systems sind aber die gleichen:

- Jeder Asylantrag, der innerhalb der Europäischen Union gestellt wird, soll auch geprüft werden. Es gibt keinen Asylsuchenden, für den nicht auch ein Mitgliedsstaat zuständig ist.
- Innerhalb der Europäischen Union wird jeder Asylantrag nur *einmal* geprüft (»one chance only«). Wird er abgelehnt, kann man nicht in einem anderen Mitgliedsstaat einen neuen Antrag stellen.
- Zuständig für ein Asylverfahren ist in der Regel der Staat, der einen Flüchtling hat einreisen lassen.

Das Konzept, jeweils nur einen EU-Staat als zuständig für ein Asylverfahren zu erklären, würde nicht funktionieren, wenn es EURODAC nicht gäbe: Die Verordnung schuf eine Datenbank, in der Fingerabdrücke von Asylsuchenden und irregulär Eingereisten gespeichert werden. Sie spielt beim Dublin-Verfahren eine große Rolle, weil »EURODAC-Treffer« – das sind Meldungen über die Übereinstimmung mit bereits gespeicherten Fingerabdrücken – als Beweis für die vorherige Anwesenheit eines Asylsuchenden in einem anderen Mitgliedsstaat gelten. Seit Juni 2013 haben auch Sicherheits- und Strafverfolgungsbehörden Zugriff auf die EURODAC-Daten. Bedenken vieler Datenschutzbeauftragter wurden dabei vom Tisch gewischt.

Das durch »Dublin« geschaffene Verteilungssystem wäre nicht einmal besonders schlimm, wenn seine Prämissen stimmen würden. Der Verordnung liegt die Fiktion gleicher Schutzstandards zugrunde: Man geht davon aus, dass innerhalb der EU Asylanträge überall die gleichen Erfolgsaussichten hätten und Flüchtlinge während und nach dem Asylverfahren die gleichen Rechte. Eine Annahme, die schlicht nicht zutrifft. Zwischen den verschiedenen europäischen Staaten bestehen gravierende Unterschiede beim Umgang mit Asylsuchenden. Sie reichen von der Verweigerung des Zugangs zu einem fairen Asylverfahren über Obdachlosigkeit bis hin zu Haft.

Besonders schwerwiegend sind diese Probleme seit längerer Zeit in Griechenland. Neben den weiterhin bestehenden Schwierigkeiten, dort überhaupt einen Asylantrag stellen zu können, kritisieren Menschenrechtsorganisationen wie Amnesty International die Behandlung von Schutzsuchenden: »Asylsuchende, die nichts weiter getan haben, als Schutz in der EU zu suchen, werden über Monate und zum Teil Jahre in Haft gehalten, darunter auch Kinder. Oft herrschen in den griechischen Hafteinrichtungen unmenschliche Bedingungen. Flüchtlinge und Migranten sind auch von den Sparmaßnahmen infolge der Wirtschaftskrise am stärksten betroffen: Weil es keine Unterstützungsmaßnahmen mehr gibt, können viele in Griechenland nicht mehr überleben.«[17]

Probleme gibt es nicht nur in Griechenland: In Ungarn werden Asylsuchende so gut wie ausnahmslos inhaftiert, darunter selbst schwer traumatisierte Menschen, die des besonderen Schutzes bedürften.[18] Aus einer Haftanstalt heraus lässt sich aber kein Asylverfahren betreiben, das dem Einzelfall gerecht würde.

Zu Bulgarien heißt es in einem Bericht von Amnesty International aus dem November 2014: »Asylsuchende werden nach wie vor routinemäßig inhaftiert, und die Aufnahmebedingungen sind weiterhin unzureichend. Amnesty International bemängelt zudem, dass inhaftierte Asylsuchende bestimmter Nationalitäten Schwierigkeiten bei der Registrierung ihrer Asylanträge haben und länger auf eine Entscheidung über ihr Verfahren zur Feststellung der Flüchtlingseigenschaft warten. Diese Hürden haben viele Personen davon abgehalten, Asylanträge zu stellen oder weiterzuverfolgen.«[19]

Und in Belgien schließlich verlieren Asylsuchende, deren Antrag abgelehnt worden und deren Ausreisefrist abgelaufen ist, häufig das Recht auf Unterbringung. Sie stehen somit auf der Straße, wenn sie nicht notdürftig bei Freunden oder Verwandten unterkommen können.[20]

Dublin III: Von der normativen Vergewisserung zur widerlegbaren Regelvermutung

Trotz dieser massiven Probleme wurde die »Dublin-II-Verordnung« über Jahre hinweg rücksichtslos ausgeführt. In Deutschland war es lange noch nicht einmal möglich, gerichtlichen Schutz gegen die Abschiebung in den zuständigen Dublin-Staat zu erhalten, auch wenn dort gravierende Mängel vorlagen. Begründet wurde dies damit, dass der Gesetzgeber mit einer »normativen Vergewisserung« ein für alle Mal verbindlich festgelegt habe, dass es in keinem Mitgliedsstaat ernsthafte Probleme gebe.

Vor dem Hintergrund der Verhältnisse in Griechenland erzwangen hier 2011 allerdings zwei europäische Gerichte eine Wende: der Europäische Gerichtshof für Menschenrechte (EGMR) in Straßburg und der Gerichtshof der Europäischen Union (EuGH) in Luxemburg. Beide Gerichte untersagten Dublin-Überstellungen nach Griechenland – weil den Betroffenen unmenschliche Behandlung drohte, so schlecht ist das Asylsystem.

Seitdem ist klar: Werden die europäischen Standards im Asylsystem systematisch und dauerhaft missachtet, dann verletzt die Überstellung die Menschenrechte aus der Europäischen Menschenrechtskonvention und der EU-Grundrechtecharta. Diese Rechtsprechung würde in der »Dublin-III-Verordnung« zumindest ansatzweise berücksichtigt: Kein Staat darf nunmehr blind darauf vertrauen, dass im Zielstaat schon alles in Ordnung sei. Stattdessen muss er Bedenken nachgehen, die ein Asylsuchender über die Lage im Zielstaat vorbringt. Gegebenenfalls muss er die Überstellung aussetzen, wenn dem Antragsteller dort die Gefahr von Menschenrechtsverletzungen droht. Um es mit den Worten der Juristen am EuGH zu sagen: Es gilt die *Regelvermutung,* dass alle Mitgliedsstaaten Asylsuchende »ordentlich« behandeln. Diese Regelvermutung ist aber im und für den Einzelfall *widerlegbar.*

Auch diese widerlegbare Regelvermutung ist allerdings eine hohe Hürde: Der Asylsuchende muss detailliert und möglichst mit Berichten von NGOs, des UNHCR oder anderer Stellen gestützt vortragen, dass ihm im Zielstaat der Dublin-Überstellung eine Behandlung drohte, die einer Menschenrechtsverletzung gleichkommt.

Die wichtigste Konsequenz für Deutschland war, dass das bisherige Vorgehen gegen das europäische Recht verstieß. Inzwischen muss ein Asylsuchender gegen eine Dublin-Überstellung Klage erheben und bei einem Gericht einen Antrag auf einstweiligen Rechtsschutz stellen können. Deshalb haben sich Gerichte teilweise sehr intensiv mit der Lage in den verschiedenen Mitgliedsstaaten auseinanderzusetzen. Doch die Verbesserung bei Dublin III ist eine kleine, sie ändert nichts am Grundproblem: Die Verhältnisse in den einzelnen Mitgliedsstaaten weichen zum Teil so stark voneinander ab, dass die Asylverfahren zu einer Art Lotterie werden. Je nachdem, welcher Staat für zuständig erklärt wird, kann ein Asylsuchender auf faire Bedingungen für sein Verfahren und auf Anerkennung als Flüchtling hoffen – oder eben nicht. Sie erinnern sich an das Beispiel im ersten Kapitel: Als Asylsuchender aus Afghanistan sind Ihre Chancen in Schweden rund zehn Mal so hoch wie in Griechenland.

Von einer wirklichen Garantie des Flüchtlingsschutzes überall in Europa sind wir also noch weit entfernt. Trotzdem bleibt der »Verschiebebahnhof Dublin« in Betrieb. Allerdings zeigt er nicht die von den Regierungen gewünschten Ergebnisse: Zwischen 2008 und 2012 führten europaweit lediglich 25 Prozent der Übernahmegesuche auch zu tatsächlichen Überstellungen. Mit anderen Worten: In nur drei Prozent aller Asylverfahren in der EU gab es »Dublin-Transfers«. Es gibt inzwischen erhebliche Zweifel daran, dass der ganze Aufwand sich tatsächlich lohnt.[21]

Was lange währt, wird gut?
Das Gemeinsame Europäische Asylsystem

Ein hehres Ziel

Einer der beiden vertraglichen Grundlagen für die EU, nämlich der »Vertrag über die Arbeitsweise der Europäischen Union«, enthält eine bedeutsame programmatische Aussage: »Die Union entwickelt eine gemeinsame Politik im Bereich Asyl, subsidiärer Schutz und vorübergehender Schutz, mit der jedem Drittstaatenangehörigen, der internationalen Schutz benötigt, ein angemessener Status angeboten und die Einhaltung des Grundsatzes der Nichtzurückweisung gewährleistet werden soll. Diese Politik muss mit dem Genfer Abkommen vom 28. Juli 1951 und dem Protokoll vom 31. Januar 1967 über die Rechtsstellung der Flüchtlinge sowie den anderen einschlägigen Verträgen im Einklang stehen.«

Verständlicher ausgedrückt: Flüchtlingsschutz ist nicht mehr allein Angelegenheit der einzelnen Staaten, sondern wird von der Europäischen Union geregelt. Grundlage für ein »Gemeinsames Europäisches Asylsystem« (GEAS) soll die Genfer Flüchtlingskonvention sein.

In der Tat besteht dieses System also aus mehr als »Dublin«, EURODAC und »Frontex«. Wichtige Bestandteile des GEAS sind Richtlinien darüber, wer in der EU Schutz erhält, wie dieser Schutz auszusehen hat und wie das Asylverfahren ablaufen soll.

Von großer praktischer Bedeutung ist dabei die »Richtlinie über den Flüchtlingsbegriff« *(Qualifikationsrichtlinie)*: Sie regelt, wer in der EU entweder als Flüchtling im Sinne der Genfer Flüchtlingskonvention anerkannt werden oder wegen der

Gefahr von Menschenrechtsverletzungen im Falle der Rückkehr ins Herkunftsland sonstigen (»subsidiären«) Schutz genießen soll – hier berücksichtigt das EU-Recht, dass sich das Verständnis vom Flüchtlingsschutz weiterentwickelt hat. Auch enthält die Richtlinie einige Aussagen darüber, welche Rechte ein Schutzberechtigter im Aufnahmestaat genießt (etwa in Bezug auf Zugang zum Arbeitsmarkt, Sozialleistungen, Zugang zu Bildung, Familiennachzug oder Anspruch auf einen Reiseausweis).

Trotz der Richtlinie kann die gleiche Verfolgungs- und Fluchtgeschichte in einem Staat zur Anerkennung als Flüchtling führen, in einem anderen nur zur Gewährung subsidiären Schutzes und im dritten sogar zur Ablehnung des Asylantrags – selbst bei Herkunftsländern mit eindeutig schlechter Menschenrechtslage. Ein Beispiel ist Eritrea. Aus dem nordafrikanischen Staat fliehen viele Menschen, um dem zeitlich unbefristeten und unter unsäglichen Bedingungen zu leistenden Militärdienst und/oder vor Verfolgung wegen ihrer Religionszugehörigkeit zu entgehen. In der EU gewähren einige Mitgliedsstaaten diesen Menschen fast ausnahmslos den Flüchtlingsstatus (etwa Schweden), andere lehnen viele Asylanträge vollständig ab.

Ähnliches gilt für Menschen, die vor dem Bürgerkrieg und den massiven Menschenrechtsverletzungen in Syrien geflohen sind: Großbritannien, Frankreich und Deutschland erkennen sie fast ausnahmslos als Flüchtlinge an; die Niederlande oder Schweden gewähren ihnen eher den subsidiären Abschiebungsschutz. Dieselbe Ausgangslage führt also je nach Praxis im einzelnen Mitgliedsstaat zu sehr unterschiedlichen Schutzgewährungen.

Die Rechte, die mit dem Status verbunden sind, unterscheiden sich indes: So dürfen in vielen Mitgliedsstaaten sowohl anerkannte Flüchtlinge wie auch subsidiär Schutzberechtigte unter erleichterten Bedingungen ihre Familienangehörigen nachkommen lassen. Andere EU-Staaten (wie etwa Deutschland) gewähren diese Erleichterungen nur anerkannten Flüchtlingen, nicht aber den subsidiär Schutzberechtigten. Je nachdem wo jemand sein Asylverfahren betrieben hat, kann er also nach erfolgter Anerkennung seine Familie nachkommen lassen oder nicht. Von einem wirklich einheitlichen Schutzstatus kann also noch keine Rede sein.

Die *Aufnahmerichtlinie* regelt die Normen für die Unterbringung und Versorgung von Asylsuchenden. Dazu gehört etwa, dass die Leistungen ihnen ein menschenwürdiges Leben sichern müssen, dass die Asylsuchenden angemessen untergebracht werden und einen Zugang zu medizinischer Versorgung erhalten. Die Richtlinie legitimiert allerdings auch die Inhaftierung von Asylsuchenden. Damit segnet sie europarechtlich ab, was leider in vielen Mitgliedsstaaten Praxis ist: Asylsuchende können zur Feststellung der Identität, zur Prüfung des Einreiserechts, zur Sicherung von Beweisen über die Fluchtgründe bei verspäteter Asylantragstellung, bei Gefahr für nationale Sicherheit und Ordnung sowie der Gefahr des »Untertauchens« inhaftiert werden. Das sind alles sehr schwammige Begriffe, die befürchten lassen, dass auch in Zukunft Asylsuchende regelmäßig inhaftiert werden.

Zumindest besonders verletzliche Gruppen wie Kinder, Jugendliche, schwangere Frauen, Opfer von Menschenhandel und von Folter hätte man generell von Haft ausnehmen müssen. Das aber ist nicht geschehen. Immerhin will man künftig beim Aufnahmeverfahren deren besondere Bedürfnisse berücksichtigen. Doch es bleibt das Problem, dass viele Bestimmungen in der Richtlinie zu vage formuliert sind. Was sind »geeignete Maßnahmen«, wenn es während der Unterbringung von Flüchtlingen darum geht, die »Einheit einer [...] Familie so weit wie möglich zu wahren«? Mindeststandards müssen konkreter aussehen.

Die *Asylverfahrensrichtlinie*[22] wiederum regelt EU-weit, welche Standards für Asylverfahren in den Mitgliedsstaaten gelten sollen. Neben einigen positiven Veränderungen enthält sie leider auch weiterhin die Möglichkeit, dass Asylsuchenden der Zugang zum Asylverfahren verweigert und sie somit an der Grenze zurückgewiesen werden können, wenn sie über sogenannte sichere Drittstaaten einreisen. Auch erlaubt sie es den Mitgliedsstaaten, Regelungen zu schaffen oder beizubehalten, die die Ablehnung von Asylsuchenden aus vermeintlich sicheren Herkunftsländern leichter und schneller machen.

Und schließlich ist noch die *Rückführungsrichtlinie*[23] zu nennen. Diese war zum Zeitpunkt ihrer Verabschiedung hochumstritten und stieß auf heftige Kritik.[24] Sie regelt vor allem die Abschiebung von Menschen, die kein Aufenthaltsrecht in der EU haben. Dazu gehören Verfahrensfragen (wie der Vorrang der freiwilligen Ausreise vor der Abschiebung und die Festlegung eines Wiedereinreiseverbots) und Themen wie die Voraussetzungen und die Ausgestaltung der Abschiebungshaft.

Besonders da, wo die Richtlinie kleine Verbesserungen für die Betroffenen enthält, wird sie in den Mitgliedsstaaten nicht korrekt umgesetzt. Das gilt auch für Deutschland. Ein Beispiel hierfür ist der Umgang mit der Verpflichtung, »ein *wirksames* System für die Überwachung von Rückführungen« zu schaffen. Die Bundesregierung verweist häufig darauf, dass es die Dienst- und Fachaufsicht über die Behörden gebe, die an den Abschiebungen beteiligt sind. Außerdem gebe es ja den Rechtsschutz durch die unabhängigen Gerichte. Doch damit macht es sich die Regierung zu leicht. Die Rückführungsrichtlinie verpflichtet zur Errichtung eines *eigenständigen,* für die spezifischen Zwecke der Rückführungsrichtlinie *geschaffenen* Überwachungssystems. So sieht das auch die EU-Kommission.[25]

Der Zwerg neben Frontex:
Das Europäische Asylunterstützungsbüro

Zum Gemeinsamen Europäischen Asylsystem gehört neben Frontex schließlich auch noch eine weitere Behörde: Das *Europäische Asylunterstützungsbüro* (EASO) wurde 2010 aus der Taufe gehoben[26], und nahm im Sommer 2011 in Valletta auf Malta seine Arbeit auf. Derzeit konzentriert sich EASO auf die Unterstützung der griechischen Asyl- und Einwanderungsbehörden, Trainingsmaßnahmen für Behörden der Mitgliedsstaaten, die Ausarbeitung gemeinsamer Berichte über die Lage in Herkunftsländern (bislang wurden zwei Berichte zu Afghanistan und jeweils einer zu Somalia und zu Tschetschenien veröffentlicht) sowie die Koordination der Zusammenarbeit in Fällen unbegleiteter Minderjähriger und beim Schutz für Opfer des Menschenhandels.

EASO hat keine Entscheidungsbefugnis und kann nicht in einzelstaatliche Asylverfahren eingreifen. Auch seine Beurteilung der Lage in bestimmten Herkunftsländern ist für die Asylbehörden in den Mitgliedsstaaten nicht verbindlich. Das Mandat der Agentur beschränkt sich weitgehend auf die Unterstützung von Mitgliedsstaaten, sofern diese das wünschen. Die direkten Auswirkungen der EASO-Arbeit auf die Vereinheitlichung des Flüchtlingsschutzes in der EU sind somit eher bescheiden.

Der Kampf um die Harmonisierung geht weiter

Es gibt in Europa eine Menge Regeln zur Bestimmung und zum Umgang mit Flüchtlingen. Aber sie werden nicht immer umgesetzt. Das letzte Beispiel – von der Rückführungsrichtlinie – zeigt, dass sich auch in Deutschland gegen die europäischen Neuregelungen in den einzelnen Mitgliedsstaaten eine regierungsamtliche Blockadehaltung formiert. Zwar sind die Regierungen über den Rat vollumfänglich in den Gesetzgebungsprozess auf EU-Ebene einbezogen, trotzdem haben sie jetzt erkennbar Angst davor, dass ihr eigener Entscheidungsspielraum zu stark eingeengt werden könnte. »Wir wollen verhindern, dass es eine Aufweichung des Asylrechts gibt auf europäischer Ebene«, sagte der damalige Bundesinnenminister Friedrich im August 2011.[27] Damit wies er Vorschläge zurück, die die EU-Kommission im Juni zur Vereinheitlichung des europäischen Asylrechts vorgelegt hatte. Den Deutschen, aber nicht nur ihnen, geht also auf einmal die Harmonisierung zu weit. Am liebsten würden viele Regierungen der Europäischen Union wohl die Zuständigkeit für das Flüchtlingsrecht wieder entziehen.

Die Blockadehaltung der EU-Staaten hat dazu beigetragen, dass eine wirkliche Harmonisierung des Asylrechts in Europa nach wie vor nicht gibt. Bei einer solchen Harmonisierung nämlich würden Flüchtlinge überall in Europa effektiven Schutz genießen. Außerdem gibt es weiterhin keine gemeinsamen Regelungen und Mechanismen, die sicherstellen würden, dass Schutzsuchende auch an den Außengrenzen Zugang zu fairen Asylverfahren erhalten.

Es besteht also noch viel Regelungsbedarf. Die EU-Kommission gibt in Gesprächen allerdings zu verstehen, dass es in nächster Zeit zum Flüchtlingsschutz (im Gegensatz zu allgemeinen Migrationsfragen) keine neuen Rechtsakte geben wird. Das kann zur Folge haben, dass die zahlreichen Lücken im Schutzsystem nicht vom europäischen Gesetzgeber, sondern durch die Gerichte – allen voran der Europäische Gerichtshof, aber auch die Gerichte in den einzelnen Mitgliedsländern – geschlossen werden müssen. Nur: Ist es noch Politik im eigentlichen Sinne (nämlich: Gestaltung des Gemeinwesens), wenn man eine Kernentscheidung vermeidet und die Schutzsicherung den Gerichten überlässt?

Das Ergebnis ist somit nicht sonderlich erfreulich: Der Schutz von Menschen in Not in allen Staaten der EU ist noch längst nicht Realität. Für die Europäische Union, immerhin die Trägerin des Friedensnobelpreises 2012, ist dies keine zufriedenstellende Bilanz.

Kapitel 5

In der Warteschleife –
Flüchtlinge in Deutschland

Nadelöhr Asylverfahren:
Kalte Bürokratie oder faire Chance?

Vergiftete Forderungen

Weihnachten 2014. Bundeskanzlerin Angela Merkel flimmert über die Bildschirme von Millionen Fernsehgeräten. Sie spricht auch von den Flüchtlingen in der Welt. Viele von ihnen seien »buchstäblich dem Tod entronnen«. Es sei »selbstverständlich, dass wir ihnen helfen und Menschen aufnehmen, die bei uns Zuflucht suchen«. Im Januar 2015 gehen bundesweit über 60 000 Menschen auf die Straße, um für ein »buntes« Deutschland zu demonstrieren.

Das Land diskutiert wieder über Flüchtlinge und Weltoffenheit. Doch dafür haben nicht nur die Tausende Toten an den Außengrenzen der EU und die hohe Zahl der Asylsuchenden gesorgt – 2013 stellten 107 000 Menschen in Deutschland erstmals einen Asylantrag, 2014 waren es bereits 173 000. Im Winter 2014/2015 ist es vor allem ein Protestbündnis, das diese Diskussion antreibt: Die »Patriotischen Europäer gegen die Islamisierung des Abendlandes« (PEGIDA). Wer all diese Menschen waren, die jeden Montag vor allem in Dresden und später unter abgewandelten Kürzeln in anderen Städten auf die Straße gingen, war nicht ganz klar. Klar war nur: Sie reklamierten, »das Volk zu sein«, und waren frustriert. Eine nichtrepräsentative Befragung von Wissenschaftlern der TU Dresden deutet darauf hin, dass viele der PEGIDA-Demonstranten aus der Mittelschicht stammen, generell mit der Politik unzufrieden sind, die Berichterstattung der etablierten Medien als einseitig wahrnehmen und Ressentiments gegen Zuwanderer und Flüchtlinge hegen, insbesondere gegenüber solchen muslimischen Glaubens. Mit konkreten politischen Forderungen hielten sich die Demonstranten auffällig zurück. Im Dezember 2014 kursierte dann ein Positionspapier des Vereins, das die Aufnahme von »Kriegsflüchtlingen« und »politisch oder religiös Verfolgten« als »Menschenpflicht« bezeichnete, schnellere Asylverfahren und eine bessere Unterbringung der Flüchtlinge forderte. Gleichzeitig aber stellte man in der PEGIDA-Führung die »Flüchtlingsheime mit Vollversorgung« den armen deutschen Alten gegenüber, die sich kein Stück Stollen mehr leisten könnten. Einer der Vorsitzenden bezeichnete Flüchtlinge als »Viehzeug« und »Gelumpe«. Und an den Demonstrationen von PEGIDA und deren Ableger andernorts beteiligen sich Hooligans, NPD-Vertreter und Mitglieder rechtsextremer Kameradschaften. An einer Januar-Demo des Münchner Pendants nahmen nach Aussage des bayerischen Verfassungsschutzes alle landesweit bekannten Neonazis teil – viele davon einschlägig vorbestraft.

Wer auch immer PEGIDA ist: Dass sich in ihrem Windschatten auch Neonazis tummeln und rassistischen Gewalttaten der Boden bereitet werden könnte, dass unter den Flüchtlingen die Angst wächst, nehmen die Teilnehmer wie die Veranstalter der Kundgebungen offenbar in Kauf. Deswegen ist jede ihrer flüchtlingspolitischen Forderungen auf immer vergiftet.

Die Behauptung, Asylsuchende in Deutschland seien keine »echten« Flüchtlinge, hört man allerdings nicht nur von Rechtspopulisten der verschiedenen »GIDA«-Vereine. So kam eine Ende November 2014 veröffentlichte Studie der Friedrich-Ebert-Stiftung unter anderem zu dem Ergebnis, dass 44 Prozent der deutschen Bevölkerung Asylsuchenden ablehnend gegenüberstehen und ihnen nicht glauben, dass sie in ihren Heimatländern von Verfolgung bedroht sind.[1]

Doch diejenigen, die gegen »Asylmissbrauch« und ein zu »generöses Asylsystem« Front machen, gehen von falschen Prämissen aus.

Erstens: Es gibt keinen »Asylmissbrauch«. In den letzten Kapiteln haben wir deutlich gemacht, dass jeder um Asyl bitten darf. Nach welchen Kriterien darüber entschieden wird, hat sich mit unserer menschenrechtlichen Grundordnung weiterentwickelt. Wenn »Missbrauch« meinen sollte, dass die Mehrzahl der Asylsuchenden weder nach den Regeln der Genfer Flüchtlingskonvention noch nach weiteren menschenrechtlichen Regeln Asyl erhält, so trifft auch das nicht zu. Im Jahr 2014 erhielt rund ein Drittel aller Asylsuchenden einen humanitären Aufenthaltstitel. Doch auch unter den verbleibenden 70 Prozent waren Flüchtlinge mit Anspruch auf Asyl – Deutschland war für sie lediglich nicht zuständig. Von den Asylgesuchen, die Deutschland auch inhaltlich prüfte, wurde über die Hälfte positiv beschieden. Wenn man davon ausgeht, dass das Bundesamt bei manchen möglicherweise den Schutzbedarf nicht erkannt hat, müsste die Zahl noch höher liegen.[2] Das wollen wir in diesem Kapitel zeigen.

Zweitens: Deutschland ist kein flüchtlingspolitisches Schlaraffenland. Es gibt Mängel im Asylverfahren, bei der Unterbringung, der Gesundheitsversorgung – auch das wollen wir in diesem Kapitel zeigen.

Ein ausgeklügeltes System, um Zuständigkeit zu vermeiden

Reisen Flüchtlinge ohne gültige Einreisepapiere auf dem Landweg nach Deutschland, gibt es zwei Möglichkeiten: Greift die

Bundespolizei sie auf, werden sie wegen illegaler Einreise festgenommen und erkennungsdienstlich behandelt. Der erste Eindruck für Flüchtlinge ist, einer strafbaren Handlung beschuldigt zu werden. Das ist kein Willkommensgruß. Dann werden sie von der Bundespolizei in eine Aufnahmeeinrichtung gebracht, wo sie einen Asylantrag stellen können.

Wem es gelingt, unerkannt und ohne aufgegriffen zu werden, in die Bundesrepublik einzureisen, der kann bei einer Ausländerbehörde oder Polizeidienststelle um Asyl nachsuchen. Dort wird zunächst ermittelt, in welchem Bundesland der Flüchtling einen Asylantrag stellen muss. Ein Online-Verteilungssystem – der »Königsteiner Schlüssel« – regelt auf Grundlage der Einwohnerzahl und des Steueraufkommens der Bundesländer, wie viele Asylsuchende diese aufnehmen müssen. Gegenwärtig steht Nordrhein-Westfalen mit 21 Prozent der Asylsuchenden an der Spitze, gefolgt von Bayern mit 15 und Baden-Württemberg mit knapp 13 Prozent. Die wenigsten Asylsuchenden werden auf Mecklenburg-Vorpommern (zwei Prozent), das Saarland und auf Bremen (je rund ein Prozent) »verteilt«. Erst wenn das zuständige Bundesland ermittelt ist, kann der Flüchtling auch einen Asylantrag beim Bundesamt für Migration und Flüchtlinge (BAMF) stellen. Bis dahin muss er in einer Erstaufnahmeeinrichtung wohnen, einer Art Übergangswohnheim für Asylsuchende.

Bevor das BAMF einen Asylantrag inhaltlich prüft, ermittelt es allerdings, ob Deutschland dafür überhaupt zuständig ist. Diese Prüfung ist ein enorm aufwendiges bürokratisches Ungetüm. Sie erinnern sich an die Dublin-Regelung aus dem letzten Kapitel: Zunächst gleicht das BAMF die persönlichen Daten und Fingerabdrücke des Asylsuchenden mit mehreren EU-weiten Datenbanken ab: ERODAC, dem Visa-Informa tionssystem und dem Schengener Informationssystem. Hat der Asylsuchende bereits in einem anderen Mitgliedsstaat um Asyl ersucht oder von einem Mitgliedsstaat der EU oder des Schengen-Raums ein gültiges Visum erhalten, ist dieser Staat nach der Dublin-Verordnung für die Prüfung des Asylantrags zuständig. Demzufolge wird das BAMF die Zuständigkeit an den betreffenden Staat weiterdelegieren. Nur wenn dort wegen systemischer Mängel im Asylsystem die Gefahr einer unmenschlichen oder erniedrigenden Behandlung droht, ist eine solche Überstellung rechtlich unzulässig. Griechenland ist so ein Fall. Das Bundesministerium des Innern hat seit 2011 per Erlass die Überstellungen nach Griechenland ausgesetzt – wegen der dortigen systemischen Mängel im Asylverfahren und der katastrophalen Bedingungen bei der Unterbringung und Versorgung der Asylsuchenden.

Sofern kein anderer Staat für den Asylantrag zuständig ist, wird das Bundesamt schließlich sein sogenanntes Selbsteintrittsrecht ausüben und eine Prüfung des Antrags in Aussicht stellen. Will das BAMF trotzdem abschieben, kann der Betroffene mit einem Eilantrag bei einem Verwaltungsgericht dagegen vorgehen.

Das »Bundesamt für die Ablehnung von Flüchtlingen«?

Nur wenn die Bundesrepublik Deutschland für die Durchführung des Asylverfahrens zuständig ist oder von ihrem Selbsteintrittsrecht Gebrauch macht, prüft das BAMF einen Asylantrag auch inhaltlich. Und damit beginnt für die Betroffenen der eigentliche Hürdenlauf.

Herzstück der inhaltlichen Prüfung sind die Angaben, die

Asylsuchende bei einer persönlichen Anhörung machen. Dabei muss er oder sie alle Tatsachen vortragen, die seine oder ihre Furcht vor drohender Verfolgung glaubhaft machen. Die Schilderungen müssen in sich stimmig, detailliert, konkret und lebensnah sein. Es reicht nicht, über die allgemeine Lage im Herkunftsland zu berichten. Der Asylsuchende muss vielmehr schildern, warum er oder sie persönlich einer Bedrohungslage ausgesetzt ist.

Bei der Entscheidung über einen Asylantrag wendet das BAMF das deutsche Aufenthaltsrecht an, das wiederum von den Regeln der Genfer Flüchtlingskonvention und dem EU-Recht geprägt ist. Die Ergebnisse, zu denen das Bundesamt dabei kam und kommt, wurden und werden oft kritisiert. Flüchtlingsorganisationen monieren, das Bundesamt beschönige die Menschenrechtssituation in den Herkunftsländern der Asylsuchenden und gehe deshalb oft zu Unrecht davon aus, dass keine Verfolgungsgefahr bestünde. Der Flüchtlingsbegriff werde zu eng ausgelegt, und die Anhörungen seien von Misstrauen gegenüber den Asylsuchenden geprägt.

Es gab Zeiten, in denen pauschale Kritik am BAMF stimmte. Als Anfang der neunziger Jahre die Zahl der Asylsuchenden drastisch anstieg, wuchs auch der Arbeitsaufwand beim damaligen »Bundesamt für die Anerkennung ausländischer Flüchtlinge«. Um die vielen Anträge zu bewältigen, wurden eilends neue Mitarbeiter eingestellt, die weder qualifiziert waren, über Asylanträge zu entscheiden, noch während ihrer Tätigkeit entsprechend geschult wurden. Das Ergebnis: Viele der Entscheidungen des Bundesamts waren von miserabler Qualität. Der Unmut darüber wird auch aus einer Wortmeldung des SPD-Bundestagsabgeordneten Rüdiger Veit im Innenausschuss des Deutschen Bundestags deutlich: Als ein Vertreter des bayrischen Innenministeriums im Sommer 2014 das Bundesamt für seine »seit Jahrzehnten bewährte, sensible Arbeitsweise« lobte, erwiderte Veit, dass er dieser Äußerung nur zustimmen könne, wenn mit diesen »Jahrzehnten« die letzten 15 Jahre gemeint seien. Für die Zeit davor sei für ihn das BAMF immer das »Bundesamt für die Ablehnung von Flüchtlingen« gewesen.[3]

Seit der Jahrtausendwende hat sich die Qualität der Asylverfahren beim BAMF generell erheblich verbessert. Intern ist das Bundesamt stark um Qualitätssicherung bemüht. Dennoch erfahren Anwälte, Flüchtlings- und Menschenrechtsorganisationen nach wie vor von erheblichen Mängeln. Diese Mängel lassen sich nicht am Asylverfahren allgemein festmachen, sie betreffen einzelne Entscheidungen. Gleichwohl sind es zu viele und zu gravierende Fehler, um sie als Ausreißer darzustellen – nach dem Motto, dass sich entsprechende Fehler bei der großen Zahl von zu bearbeitenden Verfahren nicht vermeiden lassen.

Im Juni 2005 veröffentlichte ein Zusammenschluss von Pro Asyl, Amnesty International, Wohlfahrtsverbänden, Anwalts- und Richtervereinigungen, der christlichen Kirchen sowie von in Asylverfahren tätigen Rechtsanwälten ein »Memorandum zur derzeitigen Situation des deutschen Asylverfahrens«.[4] Es kritisierte, dass Asylsuchende erstens keinen Zugang zu einem unabhängigen Beratungssystem vor der Anhörung erhielten. Dass zweitens eine Belehrung der Antragsteller nur zu Beginn der Anhörung erfolge und darüber hinaus auch selten für die Asylsuchenden zu verstehen sei. Dass drittens das BAMF in vielen Fällen nicht von sich aus die erforderlichen Beweise erhebe. Dazu gleich mehr. Und schließlich kritisierte das Memorandum auch, dass die Entscheider in vielen Fällen nicht ihrer

Pflicht nachkommen, den Asylsuchenden schon in der Anhörung auf Widersprüche aufmerksam zu machen. Der Versuch, einen Sachverhalt aufzuklären, wird nicht unternommen, wohl aber werden mögliche Widersprüche als Grund für die Ablehnung eines Asylantrags angeführt.

An der von diesem Memorandum vor nunmehr zehn Jahren kritisierten Situation hat sich bis heute leider kaum etwas zum Positiven verändert. Die beschriebenen Qualitätsmängel gibt es nach wie vor.

»Der Antragssteller vermochte nicht zu überzeugen«

In Asylanträgen geht es oft genug um Fragen von Leben und Tod oder um andere schwerwiegende Verletzungen von Menschenrechten. Es ist eine anspruchsvolle Aufgabe, am Schreibtisch in Deutschland eine Prognose über die Verfolgungsgefahr eines Asylsuchenden abzugeben. Aber die Aufgabe ist nicht unmöglich. Wer einen Asylantrag stellt, ist verpflichtet, umfassend und detailliert seine Verfolgungsgründe vorzutragen. Das Bundesamt wiederum hat die Pflicht, den Sachverhalt, bezogen auf die Schilderung des Asylsuchenden, umfassend aufzuklären und nach Belegen für seine Aussagen zu suchen. Umso wichtiger ist es, dass Fälle nicht nach Aktenlage weitergereicht werden, sondern dass Anhörung und Entscheidung in der Hand ein und derselben Person bleiben. Und dass diese sorgfältig vorgeht.

Sorgfalt ist leider genau das, was einige Entscheidungen des BAMF vermissen lassen. Eigentlich müsste das Bundesamt Zweifel an der Glaubwürdigkeit eines Asylsuchenden individuell begründen. Doch oft genug recyceln die Entscheider fertige Textbausteine – eine Ablehnung per »Copy + Paste«. So heißt es in vier voneinander unabhängigen Entscheidungen zu somalischen Asylsuchenden fast gleichlautend: »Der Antragsteller vermochte mit seinem Sachvortrag nicht zu überzeugen. Insbesondere konnte er nicht glaubhaft machen, dass er in Somalia bereits konkreten Verfolgungsmaßnahmen ausgesetzt war. Es mangelt hier an der Schilderung konkreter und detailreicher und damit nachvollziehbarer Ereignisse. Gerade was die für wirklich politisch Verfolgte so bedeutsamen Ereignisse, wie die angebliche Aufforderung zur Zusammenarbeit mit islamistischen Kämpfern, anbelangt, hätte ein konkreter, detailreicher und lebensnaher Sachvortrag erwartet werden können und müssen. Diesem Anspruch wurde der Antragsteller aber nicht gerecht. Er konnte deshalb nicht glaubhaft machen, dass er vorverfolgt ausgereist ist.«[5]

Es ist nichts dagegen einzuwenden, dass Textbausteine verwendet werden, um allgemeine rechtliche Aspekte zu erklären und die Menschenrechtslage im Herkunftsland zu skizzieren. Aber sie dürfen nicht dazu herangezogen werden, um Pauschalurteile zu fällen. Entscheider müssen sich auf die konkreten Aussagen der Asylsuchenden beziehen, nicht auf das Fehlen von bestimmten Aussagen, wenn sie ihnen nicht glauben.

Doch damit nicht genug. Nicht jeder Widerspruch macht gleich eine gesamte Schilderung unglaubwürdig. Im Fall eines anderen Asylsuchenden aus Somalia schloss das Bundesamt aufgrund falscher Angaben über den Reiseweg auf die Unglaubwürdigkeit seiner Verfolgungsgeschichte: Weil dem Bundesamt Erkenntnisse vorlägen, dass er bereits auf Malta einen Asylantrag gestellt habe, bestünden auch Zweifel an seinen Fluchtgründen (dem »Gesamtvortrag«).[6]

Genauso wenig wie falsche Angaben zum Reiseweg sollten sachfremde Erwägungen dazu führen, dass eine Verfolgungsgeschichte als unglaubwürdig abgetan wird – wie im Fall von Kais Marzouki, einem Asylsuchenden aus Tunesien, der in seiner Heimat von Salafisten verfolgt wurde.[7] Die Ausländerbehörde hatte das BAMF über Probleme mit dem Antragsteller informiert und um eine schnelle Entscheidung über den Asylantrag gebeten. Marzouki sei durch erhöhtes Aggressionspotenzial in der Gemeinschaftsunterkunft aufgefallen. Die Ablehnung seines Antrags als »offensichtlich unbegründet« erfolgte nach einer Woche. Im Bescheid vom Januar 2014 wird unter anderem aufgeführt: »Nicht unberücksichtigt konnte bleiben, dass der Antragsteller im Land seines Schutzsuchens mehrfach strafrechtlich in Erscheinung getreten ist. Ein tatsächlich Verfolgter wird sich nicht durch eigenes strafrechtlich zu ahnendes Handeln der permanenten Gefahr einer Rücküberstellung in seinen Herkunftsstaat aussetzen.«[8]

Hier wurde also gar nicht versucht, die Verfolgungsgeschichte zu überprüfen und Marzouki mögliche Widersprüche vorzuhalten; ein angeblich strafrechtlich relevantes Verhalten wurde mit zur Begründung der Ablehnung des Asylantrags herangezogen – obwohl gar kein Strafverfahren gegen den Betroffenen eingeleitet worden war. Später wurde bei Marzouki eine posttraumatische Belastungsstörung diagnostiziert. Das ihm zugeschriebene »Aggressionspotenzial« war möglicherweise auf die Traumatisierung zurückzuführen.

Wie bereits erwähnt, müssen die Mitarbeiter und Mitarbeiterinnen des Bundesamtes Asylsuchende auch mit Widersprüchen konfrontieren, um ihrer Sorgfaltspflicht nachzukommen.

Das wird allerdings oft unterlassen. In Bayern wurde ein Asylsuchender ohne Dolmetscher befragt und sagte dabei laut Protokoll, dass sein Vater gestorben sei. In der Anhörung beim Bundesamt erwähnte er, dass sein Vater noch lebe. Der Asylantrag wurde wegen der widersprüchlichen Aussagen abgelehnt.[9] Der Entscheider hätte den Asylsuchenden auf den Widerspruch zwischen seinen beiden Aussagen ansprechen und versuchen müssen, den Sachverhalt aufzuklären. Dabei hätte auch berücksichtigt werden müssen, dass bei der ersten Befragung ein Dolmetscher gefehlt hatte.

Zweifel an der gebotenen Sorgfalt bestehen auch, wenn Entscheider die Aussagen von Asylsuchenden nicht korrekt wiedergeben – wie im Fall des Somaliers Bahdoon Guleed. Während der Anhörung fragte ihn der Mitarbeiter des BAMF, ob ihn die dortige Al-Shabaab-Miliz zur Zusammenarbeit aufgefordert habe – eine islamistische Organisation, die vor Folter, willkürlichen Tötungen und Zwangsrekrutierungen nicht haltmacht. Bahdoon Guleed verneinte die Frage, sagte aber aus, dass seine Mutter aufgefordert worden war, mit der Miliz zusammenzuarbeiten. Sie sei unter Druck gesetzt worden, deshalb habe auch er sich bedroht gefühlt. Der ablehnende Bescheid aber verzerrte die Aussage des Asylsuchenden – er habe angegeben, selbst rekrutiert worden zu sein. Eine Entscheidung über ein Asylgesuch kann so nicht korrekt gefällt werden.

Von Sorgfalt kann schließlich auch keine Rede sein, wenn ein Sachverhalt nicht aufgeklärt wird, obwohl entsprechende Auskünfte und Stellungnahmen zur Verfügung stehen oder der Asylsuchende dazu befragt werden könnte. So erging es dem Iraner Ilia Khamenei, der im Zuge der Proteste anlässlich der Präsidentschaftswahlen 2009 verhaftet worden war. Erst gegen

Vorlage einer Besitzurkunde seines Hauses sei er freigekommen. Der Entscheider des Bundesamtes fragte den Asylsuchenden nach Dokumenten, die seine Identität belegen konnten – etwa nach Geburtsurkunde, Pass, Personalausweis und Führerschein. Nicht aber nach Beweismitteln, die seinen Vortrag hätten stützen können.[10] Dabei hätte ihn das Amt auffordern können, in Europa lebende Zeugen über seine Aktivitäten und seine Verhaftung zu benennen. Ebenso hätte Khamenei aufgefordert werden können, die Besitzurkunde oder eine Kopie dieser Urkunde vorzulegen. Mit einer Zeugenaussage oder der Vorlage jener Dokumente, die für den Verfolgungsvortrag relevant waren, hätte seine Geschichte ohne großen Aufwand belegt werden können. Doch das Bundesamt erhob keinen entsprechenden Beweis.

Auch wenn Belege bereits vorliegen, heißt das nicht automatisch, dass sie auch herangezogen werden. Das musste der Somalier Omar Mohammed erfahren. Im Asylverfahren trug er vor, aus der somalischen Hauptstadt Mogadischu zu stammen.[11] Daran hatte der Entscheider Zweifel. Er überprüfte die Ortskenntnisse von Omar Mohammed mit einer Frage nach der Lage des Fußballstadions. Der Somalier zeichnete eine Skizze, auf der er das Stadion zwischen zwei Stadtteilen verortete. Der zuständige Beamte lehnte den Asylantrag ab, weil er die Ausführungen nicht für glaubhaft hielt. Ein Blick in den Stadtplan von Mogadischu hätte genügt, um zu belegen, dass die angegebene Stelle stimmte. Omar Mohammed musste erst vor das Verwaltungsgericht ziehen, um Zweifel an seiner Glaubwürdigkeit beseitigen zu lassen.[12] In diesem Fall haben Nachlässigkeit und Ignoranz eines Entscheiders ein Asylverfahren um Jahre in die Länge gezogen.

Guter Entscheider, schlechter Entscheider

Die Bundesrepublik Deutschland hat nach dem Grundgesetz, dem Europarecht und den nationalen Gesetzen den Anspruch und die Verpflichtung, faire und umfassende Asylverfahren durchzuführen. Um dem gerecht zu werden, muss das Bundesamt die Qualität der Verfahren sichern. Die Mitarbeiter sind angehalten, ihrer Fürsorgepflicht für die Asylsuchenden nachzukommen und frei von Vorurteilen und Misstrauen deren Sachvortrag umfassend zu überprüfen.

Wie in fast jedem Unternehmen oder bei jeder Behörde gibt es auch beim Bundesamt motivierte und unmotivierte Mitarbeiter. Es gibt Entscheider beim BAMF, für die die Anhörung Asylsuchender eine lästige Pflicht ist und die nicht nachfragen, wo es geboten wäre. Nach Einschätzung des Frankfurter Rechtsanwalts Reinhard Marx hat das zur Folge, dass oftmals ein wirklichkeitsfremdes Zerrbild der Realität protokolliert wird. Dessen fehlende Plausibilität würden Verwaltungsgerichte in der Regel dem Flüchtling anlasten, sofern dieser dagegen vorgehe.[13]

Doch das Hauptproblem der Behörde ist nicht mangelnde Motivation, sondern Überlastung. Die Tragweite ihrer Entscheidungen und die Kenntnis von sensiblen und zum Teil schwer verkraftbaren Informationen macht die Tätigkeit der Mitarbeiter im Bundesamt besonders verantwortungsvoll. Deshalb ist es auch nicht förderlich, wenn sie überlastet sind und aus Zeitdruck unsauber arbeiten. In den letzten Jahren hat die erheblich gestiegene Zahl von Asylanträgen dazu geführt, dass die Mitarbeiter unter erheblichem Bearbeitungsdruck stehen. Zeitweise ging das Bundesamt förmlich in Aktenbergen unter – es steht vor einem Rückstau von 169 000 Asylanträgen.[14] Das ist auch ein Grund für lange Wartezeiten. Im Schnitt dauerte das Asylverfahren beim Bundesamt 2014 nach wie vor über ein halbes Jahr. Das Paradoxe: Je substanzieller ein Asylantrag und je besser seine Chancen, desto länger dauert die Entscheidung. So kann es passieren, dass über einen schlecht begründeten Asylantrag innerhalb weniger Wochen entschieden wird, ein gut begründeter aber selbst über ein Jahr im Bundesamt liegen bleibt. Die Asylanträge von Menschen aus Afghanistan, Pakistan, Eritrea und Somalia – allesamt Länder, aus denen die Mehrzahl das Asylverfahren mit einer positiven Entscheidung verlässt – lagen 2013 zwischen 14 und 17 Monaten beim Bundesamt.

Die Belastung führt nicht nur zu Zeitnot und Druck auf Seiten der Sachbearbeiter und zu enormem Rückstau. Sie gefährdet auch die Schulung und Einarbeitung von neuen Kollegen. Wer nicht weiß, wie er der Papierflut auf seinem Schreibtisch Herr werden soll, kann sich weder fortbilden noch andere einarbeiten. Fortbildung und auch Austausch mit privaten Organisationen und Rechtsanwälten sind aber wichtig für die Qualitätssicherung im Bundesamt.

Wenn Deutschland seinen Verpflichtungen zur Durchführung fairer Asylverfahren gerecht werden will, dann muss die Bundesregierung die Realität anerkennen und geeignete Maßnahmen ergreifen. Mit anderen Worten: für eine den Asylsuchenden angemessene finanzielle und personelle Ausstattung beim Bundesamt sorgen. Im Koalitionsvertrag für die seit 2013 laufende Legislaturperiode haben die Regierungsparteien vereinbart, eben dafür zu sorgen, um zügige und rechtsstaatliche Asylverfahren zu gewährleisten.[15] Das Personal beim Bundesamt wurde in einem ersten Schritt tatsächlich um 300 Personen aufgestockt, 2015 sollen weitere 350 folgen. Doch das Ziel,

Asylverfahren innerhalb von drei Monaten zu entscheiden, wird das Bundesamt damit bei weitem nicht erreichen – dafür sind die Zahlen von neuen und der Rückstau von bereits gestellten Asylanträgen zu hoch.

Zu begrüßen ist, dass das Bundesamt jetzt endlich – zumindest bei Bewerbern aus Syrien und dem Nordirak – von einer besonderen Möglichkeit des Asylverfahrensgesetzes Gebrauch machen will: Demnach kann auf eine Anhörung verzichtet werden, wenn die schriftlichen Unterlagen, die ein Asylsuchender abgibt, ausreichen, um über einen Asylgesuch positiv entscheiden zu können. Zu prüfen wäre, ob dieses beschleunigte Verfahren nicht auch bei Asylsuchenden aus anderen Herkunftsländern mit einer hohen Schutzquote angewandt werden kann. Das würde zu einer Entlastung des Bundesamtes führen und den »Rückstau« von zu bearbeitenden Verfahren nicht weiter anwachsen lassen.

Die Mär von den »sicheren Herkunftsstaaten«

Faires Verfahren abgeschafft

Im September 2014 krachte es bei der Partei Bündnis 90/Die Grünen gewaltig: Nachdem der Bundestag im Juli einem Gesetzentwurf zugestimmt hatte, wonach die Westbalkanstaaten Bosnien-Herzegowina, Mazedonien und Serbien als »sichere Herkunftsstaaten« gelten sollten, zog im September auch der Bundesrat nach. Das sprichwörtliche Zünglein an der Waage war dabei der baden-württembergische Ministerpräsident Winfried Kretschmann; der Grüne hatte sein »Ja« gegeben, obwohl die Bundestagsfraktion der Partei gegen den Gesetzentwurf gestimmt hatte. Von seinen Parteifreunden musste er sich daraufhin vorwerfen lassen, grüne Grundpositionen verraten zu haben. Kretschmann rechtfertigte sich damit, dass er seine Zustimmung an Bedingungen geknüpft habe: erhebliche Verbesserungen für Asylsuchende durch einen schnelleren Zugang zum Arbeitsmarkt und durch einen Abbau der Beschränkungen der Freizügigkeit.

Ein guter Deal?

Das Konzept der »sicheren Herkunftsstaaten« wurde mit den Änderungen des Asylgrundrechts 1993 in das deutsche Asylrecht eingefügt. Es geht davon aus, dass in solchen Ländern generell keine Verfolgung stattfindet. So heißt es in Art. 16a Absatz 3 Grundgesetz: »Durch Gesetz [...] können Staaten bestimmt werden, bei denen aufgrund der Rechtslage, der Rechtsanwendung und der allgemeinen politischen Verhältnisse gewährleistet erscheint, dass dort weder politische Verfolgung noch unmenschliche und erniedrigende Bestrafung oder Behandlung stattfindet. Es wird vermutet, dass ein Ausländer aus einem solchen Staat nicht verfolgt wird, solange er nicht Tatsachen vorträgt, die die Annahme begründen, dass er entgegen dieser Vermutung politisch verfolgt wird.«

Wer also aus einem solchen »sicheren Herkunftsstaat« kommt, dessen Asylantrag wird automatisch als »offensichtlich unbegründet« abgelehnt – es sei denn der Betroffene kann Tatsachen oder Beweise vorbringen, dass dort abweichend von der allgemeinen Lage doch Verfolgung droht.

Für die Arbeit des Bundesamtes wird die neue Einstufung der Westbalkanländer kaum einen Unterschied machen. Der Leiter des Bundesamtes geht von einer Ersparnis von fünf bis zehn Minuten pro Asylantrag aus einem dieser Länder aus.[16]

Die Einstufung als »sicherer Herkunftsstaat« ist deshalb vermutlich eher eine politische Blendgranate, um auf die Vorwürfe zu reagieren, Flüchtlinge aus den Balkanländern betrieben »Asylmissbrauch«. Nichtsdestoweniger ist sie ein verheerendes flüchtlingspolitisches Signal. Denn auch wenn das Bundesverfassungsgericht 1996 das Konzept der »sicheren Herkunftsstaaten« als grundgesetzkonform abgenickt hat, ist es zu kritisieren.

Die Asylverfahren, die bei Bewerbern aus sicheren Herkunftsländern durchgeführt werden, sind keine fairen Verfahren. Ein normales Asylverfahren soll ergebnisoffen prüfen, ob die Begründungen des Asylsuchenden glaubhaft sind. Kommt ein Asylsuchender aus einem sicheren Herkunftsstaat, ist das kaum noch möglich. Weil pauschal vermutet wird, dass das Herkunftsland sicher ist, wird auch pauschal für den Einzelfall angenommen, dass kein relevanter Schaden droht. Das Ergebnis ist nicht offen, es steht bereits fest. Zwar kann der Asylsuchende diese Vermutung widerlegen. Erforderlich wären dafür nach Ansicht des UNHCR aber folgende Verfahrensgarantien: Jeder Asylsuchende müsste Gelegenheit erhalten, die Sicherheitsvermutung im Hinblick auf die individuellen Umstände seines Falles zu widerlegen. Dabei dürfte er keiner erhöhten Beweislast unterliegen und müsste die Möglichkeit haben, wirksame Rechtsmittel gegen eine negative Entscheidung einzulegen.[17]

Genau diesen Anforderungen entspricht das Verfahren bei sicheren Herkunftsländern in Deutschland aber nicht. Konfrontiert mit der vorausgesetzten Verfolgungssicherheit im Herkunftsland muss ein Asylsuchender einen hohen Begründungsaufwand betreiben, um die Verfolgungsgefahr glaubhaft darzustellen. Im Klartext: Selbst dann, wenn jemandem aus einem vermeintlich sicheren Herkunftsstaat tatsächlich relevanter Schaden droht, wird das kaum hinreichend überprüft und festgestellt werden. Asylsuchende aus diesen Ländern haben in der Regel keine Chance auf Schutzgewährung.

Wider besseren Wissens

Nach dem Grundgesetz können Staaten als sichere Herkunftsländer bestimmt werden, wenn dort aufgrund des Rechtssystems und der allgemeinen politischen Verhältnisse gewährleistet erscheint, dass weder politische Verfolgung noch unmenschliche oder erniedrigende Behandlung stattfindet. Die Gerichte haben das so ausgelegt: politische Verfolgung muss vom Staat ausgehen – das gilt auch für das Konzept der »sicheren Herkunftsstaaten«. Ebenso muss unmenschliche und erniedrigende Bestrafung oder Behandlung von staatlicher Seite ausgehen.

Im Europarecht ist das anders: Dort richtet man sich nach der Genfer Flüchtlingskonvention. Verfolgung kann demnach auch angenommen werden, wenn sie nicht vom Staat, sondern von anderen Institutionen oder Gruppierungen ausgeht, vor denen der Staat seine Bürger nicht wirksam schützt. Im Europarecht kann darüber hinaus auch die Verletzung wirtschaftlicher, sozialer und kultureller Menschenrechte Verfolgung bedeuten. Ebenso können viele kleine sprichwörtliche »Nadelstiche« – für sich genommen noch keine Bedrohung – als »Verfolgung« gelten, wenn sie zusammenwirken.

Alle diese Zwischentöne und Unterscheidungen ignoriert das Konzept der »sicheren Herkunftsstaaten«. Es macht die Menschen gleich, sieht sie nicht länger als Individuen mit einer eigenen Geschichte. Die Begründung für die Einstufung von Bosnien-Herzegowina, Mazedonien und Serbien als »sichere Herkunftsstaaten« bedient sich auch Begriffen aus der Mottenkiste des deutschen Asylrechts der neunziger Jahre, anstatt sich am Europarecht zu orientieren. »Systematische Verfolgung«, »systematische Menschenrechtsverletzungen« und »weitverbreitete und massive Menschenrechtsverletzungen« sollten eigentlich nicht mehr der Maßstab sein, an dem wir Verfolgung und Bedrohung messen.

Um einen Staat als sicheren Herkunftsstaat einzustufen, verlangt das Europarecht sehr viel mehr als das deutsche. Es muss nicht nur *gewährleistet* erscheinen, dass in einem Staat keine Verfolgung stattfindet, sondern es muss *nachgewiesen* werden können. Um dies zu bewerkstelligen, müssen auch Informationen des Europäischen Asylunterstützungsbüros EASO und von internationalen Organisationen herangezogen werden. Außerdem muss das System in sicheren Herkunftsstaaten ein »demokratisches« sein.[18] Die deutsche Entscheidung bezüglich der Westbalkanstaaten fußte lediglich auf Berichten des Auswärtigen Amtes. Das ist einseitig, kurzsichtig und ignoriert Vorgaben des Europarechts.

Für die Einstufung der drei Staaten als sichere Herkunftsländer wurde sowohl in den Beratungen im Bundestag als auch in der öffentlichen Diskussion immer wieder die geringe »Schutzquote« bei Antragstellern aus diesen Ländern angeführt. Damit ist der Anteil der erfolgreichen Asylgesuche gemeint. Es stimmt, dass die Schutzquote bei Asylsuchenden aus Bosnien-Herzegowina, Mazedonien und Serbien 2013 bei jeweils unter einem Prozent lag. Doch woran liegt das? Daran, dass es tatsächlich keine Verfolgung gibt? Tatsächlich wurde in der Vergangenheit auch Kritik darüber laut, dass die

Asylgesuche von Betroffenen aus diesen Ländern nicht mit der notwendigen Sorgfalt geprüft wurden. Das legt auch der Vergleich mit Frankreich nahe. Dort ist die Schutzquote für Asylsuchende aus Bosnien-Herzegowina, Mazedonien und Serbien viel höher.

Ein anderes Bild

Tatsächlich ist die menschenrechtliche Situation in den drei Westbalkanstaaten nicht so eindeutig, wie sie von Bundesregierung und Bundestag dargestellt wird.

Die Regierung von Bosnien-Herzegowina hat zwar zahlreiche Vorschriften erlassen, um die Rechte von Minderheiten zu wahren und deren Schutz zu gewährleisten. Allerdings berichten Beobachter vor Ort immer wieder von Problemen bei der Anwendung dieser Vorschriften – Gesetz und Realität klaffen offenbar nach wie vor auseinander. Obwohl Folter und Misshandlung gesetzlich verboten sind, wurde mehrfach von solchen Handlungen berichtet – so zum Beispiel von Delegierten des Europarat-Komitees zur Verhütung der Folter im Dezember 2012. Keineswegs banal sind auch die Probleme der größten Minderheit, der Roma, von denen zwischen 80 000 und 100 000 in Bosnien-Herzegowina leben. Sie sind in vielen Bereichen gezielter Diskriminierung ausgesetzt. Aufgrund von Problemen bei der behördlichen An- und Ummeldung wird vielen Roma der Zugang zu Schulen und zu Einrichtungen des Gesundheitswesens verwehrt oder zumindest erschwert. Ebenso schwierig ist der Zugang der Roma zum Arbeitsmarkt. Zwar gibt es generell eine hohe Arbeitslosigkeit in Bosnien-Herzegowina, bei den Roma aber liegt die Quote bei bis zu 99 Prozent, was darauf hindeutet, dass in Einzelfällen möglicherweise eine gezielte Diskriminierung vorliegt. Auch sind Volksgruppen, die in einem Landesteil zu einer Minderheit gehören, erheblichen Diskriminierungen ausgesetzt.

In Mazedonien ist die Lage ähnlich. Dort kann von einer wirksamen Umsetzung der Rechtsvorschriften zum Schutz von Minderheiten ebenfalls keine Rede sein. Wie in Bosnien-Herzegowina leiden Roma und andere Minderheiten unter gesellschaftlicher Diskriminierung. Sie besitzen häufig keine Ausweisdokumente, die für den Zugang zu Bildung, Gesundheitsversorgung, Beschäftigung und sozialer Unterstützung erforderlich sind. Aufgrund dessen wird ihnen der Zugang zu diesen Leistungen häufig verweigert.[19] Zudem gibt es Berichte, wonach Roma an der Ausreise gehindert wurden und in Polizeigewahrsam misshandelt wurden.

Auch in Serbien ist Polizeigewalt gegen Roma nicht ungewöhnlich. Oftmals werden sie Opfer von Zwangsräumungen, gesellschaftliche Diskriminierung äußert sich zudem durch verbale Belästigungen und Gewaltübergriffe. Roma haben in Serbien ähnlich große Schwierigkeiten, Zugang zum Gesundheitssystem und zu sozialen Leistungen zu erhalten, wie in den anderen beiden Westbalkanstaaten.[20]

Solche Berichte und Erkenntnisse über Menschenrechtsverletzungen hat der deutsche Gesetzgeber ignoriert und stattdessen die Lage beschönigt. Ignoriert hat er auch Entscheidungen von Verwaltungsgerichten, wonach die Ablehnung von Asylanträgen von Menschen aus Bosnien, Mazedonien und Serbien als »offensichtlich unbegründet« falsch war. So hat ein Verwaltungsgericht in einem Beschluss vom November 2014 einem Eilantrag einer asylsuchenden Familie aus Serbien stattgegeben und deren Abschiebung aufgeschoben.[21] Der Grund:

Es sei fraglich, ob die Einstufung der Westbalkanstaaten als »sichere Herkunftsländer« im Einklang mit dem Grundgesetz stehe.

Bei der Bestimmung eines Staates als sicheres Herkunftsland bestehe die Aufgabe des Gesetzgebers darin, sich anhand der vom Grundgesetz vorgegebenen Prüfkriterien aus einer Vielzahl von einzelnen Faktoren ein Gesamturteil zu bilden über die möglichen Gefahren von politischer Verfolgung oder Diskriminierung, so das Gericht. Nach der im Gesetzentwurf der Bundesregierung gegebenen Begründung für eine Einstufung Serbiens als sicheren Herkunftsstaat bestünde Klärungsbedarf, ob der Gesetzgeber seiner Aufgabe in vollem Umfang nachgekommen sei. Denn es sei nicht hinreichend erkennbar, welches Gewicht er bei seiner Entscheidung den geänderten serbischen Ausreisebestimmungen insbesondere in Bezug auf Angehörige der Volksgruppe der Roma gegeben habe. Auch ließen die Gesetzesmaterialien nicht erkennen, dass der Gesetzgeber die Entscheidungspraxis der Verwaltungsgerichte hinreichend berücksichtigt habe.

Daraus folgt nicht zwangsläufig, dass die meisten Asylsuchenden aus den drei Westbalkanstaaten Schutz erhalten müssten – aber es reicht, um Zweifel an der Einstufung dieser Staaten als sichere Herkunftsländer zu wecken.

(Nicht) Willkommen!

Chaos mit Ansage

Asylsuchenden wird nach ihrer Ankunft in Deutschland eine Erstaufnahmeeinrichtung zugewiesen. Die Qualität dieser Unterkünfte ist seit langem extrem unterschiedlich. Sicher, es gibt vorbildliche Unterkünfte. Doch in vielen Fällen ist die Wohnsituation miserabel: Die Einrichtungen sind überbelegt, die Sanitäranlagen unzureichend, notwendige Reparaturen werden aufgeschoben, die Gebäude sind schlecht erreichbar, für Kinder gibt es nicht genügend Spielmöglichkeiten. Im Sommer und Herbst 2014 verschlechterte sich die Unterbringungssituation in vielen Städten noch einmal dramatisch. Die *Süddeutsche Zeitung* betitelte die Lage in München mit den Worten: »Es ist einfach alles Chaos«.[22] Asylsuchende in der Erstaufnahmeeinrichtung Bayernkaserne berichteten, dass sie nicht nur tagelang im Freien übernachtet, sondern auch keine oder zu wenig Decken erhalten hätten. Unter sehr prekären Umständen lebten auch etwa 700 unbegleitete minderjährige Flüchtlinge. Alle Wohngruppen und Heime seien hoffnungslos überbelegt.

Zu dieser Situation haben zweifellos auch die starken Zugangszahlen von Asylsuchenden beigetragen. Das ist aber keine Entschuldigung für den Bund, die Bundesländer und die örtlichen Behörden. Denn die Situation war vorhersehbar. Durch die Entwicklung der Asylbewerberzahlen in den letzten Jahren war ein größerer Bedarf an Unterbringungsplätzen abzusehen. Trotzdem reagierten die Verantwortlichen zu spät. Offenbar ging man insgeheim davon aus, dass Verfolgte und Menschen auf der Suche nach einer Lebensperspektive davor zurückschrecken würden, den gefährlichen Weg in die EU und nach Deutschland anzutreten. Doch spätestens 2013 war klar: Flüchtlinge würden auch ihr Leben riskieren, um Europa zu erreichen.

Die Verantwortung für ihre Unterbringung obliegt den Bundesländern. Sie sind dazu verpflichtet, Unterkünfte zu schaffen und zu unterhalten. Sie müssen diese Einrichtungen an die Zahl jener Asylsuchenden anpassen, für die sie nach dem bundesweiten Verteilungsschlüssel zuständig sind. Sie müssen dafür sorgen, dass es sowohl Erstaufnahmeeinrichtungen als auch sogenannte Gemeinschaftsunterkünfte gibt. Die Asylsuchenden wiederum sind verpflichtet, bis zu sechs Wochen, längstens aber bis zu drei Monate in der Erstaufnahmeeinrichtung zu wohnen. Danach sollen sie in Gemeinschaftsunterkünften untergebracht werden – landläufig »Asylbewerberheim« genannt. Dort leben sie nicht nur einige Wochen, sondern wegen der langen Verfahrensdauer mitunter über ein Jahr. Denn die Verpflichtung, in einer Gemeinschaftsunterkunft zu wohnen, endet erst dann, wenn das Bundesamt den Asylsuchenden als schutzbedürftig anerkannt oder ein Verwaltungsgericht das Bundesamt zu dieser Anerkennung verpflichtet hat. Wird ein Asylantrag abgelehnt, muss die betroffene Person weiterhin in der Gemeinschaftsunterkunft verbleiben – bis zu ihrer Ausreise.

Während des Verfahrens können Asylsuchende die Gemeinschaftsunterkunft nur verlassen, wenn sie eine andere Bleibe gefunden haben, die nicht teurer ist als die Unterbringung in der Gemeinschaftsunterkunft. Die Zustände in den Asylbewerberheimen sind von Flüchtlingsorganisationen in den letzten Jahren immer wieder zu Recht kritisiert worden. Aber erst 2014 ist auch breiteren Bevölkerungskreisen bewusst geworden, dass die Bedingungen teilweise katastrophal sind. In der Asylunterkunft in Burbach bei Siegen in Nordrhein-Westfalen haben Sicherheitsleute Asylsuchende misshandelt und gedemütigt. Die Täter filmten sich dabei gegenseitig mit ihren Handys. Ein von den Ermittlern veröffentlichtes Foto zeigt einen jungen Mann, der gefesselt auf dem Boden liegt. Ein Wachmann hat seinen

Fuß auf den Nacken des Asylsuchenden gestellt, sein Kollege posiert daneben. Manch Betrachter erinnerte die Szene an Aufnahmen aus dem berüchtigten Gefängnis Abu Ghraib bei Bagdad, wo US-Soldaten irakische Gefangene folterten.[23]

Der Vorfall hat aufgeschreckt. Es darf nicht sein, dass Menschen in Deutschland Sicherheit und Schutz suchen und dann in die Fänge brutaler Sicherheitsleute geraten. Es ist überfällig, Mindeststandards für die Unterbringung von Asylsuchenden zu schaffen. Als Reaktion auf den Vorfall in Burbach lud die Landesregierung von Nordrhein-Westfalen zu einem Flüchtlingsgipfel. Sie sagte zu, jenen Kommunen, die Flüchtlinge unterbringen, mehr Geld zur Verfügung zu stellen. Auch solle die psychologische und die soziale Betreuung verstärkt werden. Das Personal solle aufgestockt und zudem ein dezentrales Beschwerdemanagement für Flüchtlinge aufgebaut werden. Das sind begrüßenswerte Vorhaben – wie schnell und wie konsequent sie umgesetzt werden, wird sich zeigen.

Das Gesetz schweigt

Das umfangreiche deutsche Asylverfahrensgesetz scheint für alle Eventualitäten eine Antwort zu haben. Doch nach Mindeststandards für Erstaufnahmeeinrichtungen und Gemeinschaftsunterkünfte sucht man dort vergeblich. Es gibt keine Vorgaben, was die Größe der Räume angeht, die Zahl und Ausstattung der sanitären Anlagen, der Gemeinschaftsräume, der Spielmöglichkeiten für Kinder und die sonstige Ausstattung. Die Kommunen sind zwar zur Aufnahme der Asylsuchenden verpflichtet. Es gibt aber keine gesetzlichen Regelungen, wie sie dieser Aufgabe nachkommen sollen. Auch auf der Ebene der Bundesländer existieren keine einheitlichen Mindestanforderungen für die Unterbringung von Asylsuchenden; in einigen Ländern gibt es gar keine Regelungen. Die Lebensbedingungen der Asylsuchenden hängen also davon ab, wo sie wohnen müssen – und davon, wie die jeweilige Stadt oder Gemeinde ihre Unterbringung gestaltet. Aufgrund der fehlenden einheitlichen Mindeststandards wird die Verteilung der Flüchtlinge für die Betroffenen zu einem Lotteriespiel.

Es muss endlich in allen Bundesländern wirksame Regelungen für eine menschenwürdige Unterbringung geben. Dazu gehört auch das Recht auf Privatsphäre. Familien und Einzelpersonen müssen die Möglichkeit haben, sich gerade in einer Gemeinschaftsunterkunft in abschließbare Räume zurückzuziehen, wo sie für sich alleine sein können. Schlafräume, in denen mehrere Erwachsene schlafen, erfüllen diese Anforderung nicht. Für Kinder muss es Bereiche geben, wo sie spielen können – drinnen wie draußen. In den Unterkünften müssen Toiletten, Waschbecken und Duschen in angemessener Zahl vorhanden sein. Der Betreiber der Unterkunft muss auch dafür sorgen, dass die sanitären Anlagen regelmäßig gereinigt werden. Es muss zudem darauf hingewirkt werden, dass die Belegungszahl in den Unterkünften verringert wird. Massenunterkünfte sollten generell vermieden werden. Die Unterbringung von sehr vielen Menschen auf begrenztem Raum bringt erhebliches Konfliktpotenzial mit sich. Dies gilt sowohl für die Situation in der Unterkunft selbst als auch für deren Akzeptanz bei der einheimischen Bevölkerung. Wenn zum Beispiel in einem kleinen Dorf mit 830 Einwohnern eine Unterkunft für fünfhundert Asylsuchende geplant wird – so geschehen im nordrhein-westfälischen Wimbern –, sind Konflikte vorprogrammiert.

Asylsuchenden sollte auch die Teilhabe am kulturellen Leben möglich sein. Doch das wird leider oft als verzichtbarer Luxus abgetan. Es kann nicht sein, dass Asylsuchende in Unterkünften wohnen müssen, die so tief in der Pampa liegen, dass es keine Verbindungen des öffentlichen Nahverkehrs in die nächste Stadt gibt. So wird es ihnen auch unmöglich gemacht, eine Arbeit zu finden. Die Standortwahl für eine Unterkunft darf nicht zu einer »Ghettoisierung« der Bewohner führen.

Auch für abgelehnte Asylsuchende muss eine bessere Lösung gefunden werden. Viele von ihnen können nicht in ihre Herkunftsländer abgeschoben werden, weil ihr Pass fehlt, ihr Herkunftsland nicht zweifelsfrei ermittelt werden konnte oder sie aus gesundheitlichen Gründen nicht reisefähig sind. Keinesfalls ist es eine Lösung, Menschen auf unbestimmte Zeit in einer Gemeinschaftsunterkunft wohnen zu lassen ohne jegliche Perspektive, wie das bislang meist der Fall ist. Selbst abgelehnte Asylsuchende, die nicht abgeschoben werden können – sogenannte Geduldete –, müssen sich irgendwann eine Wohnung suchen können. Rein rechtlich steht ihnen dieser Weg offen. Allerdings haben Asylsuchende und Geduldete eine Wohnsitzauflage. Die verpflichtet sie, in einem bestimmten Ort zu wohnen. Finden sie dort keine Wohnung, sind sie praktisch gezwungen, weiter in einer Gemeinschaftsunterkunft auszuharren – Integration ist so unmöglich.

Mit der Wohnsitzauflage soll eine gerechtere Verteilung der Sozialkosten zwischen den Bundesländern sichergestellt werden. Dieses Ziel könnte aber auch dadurch erreicht werden, dass eine ungleiche Belastung zwischen den Bundesländern und auch zwischen den Kommunen durch Ausgleichszahlungen kompensiert wird.[24] Wer in Deutschland internationalen

Schutz erhalten hat, sollte auf jeden Fall von der Wohnsitzauflage befreit werden.

Kein Rettungswagen für ein Kind

Auch in Deutschland ist Gesundheit theoretisch ein Menschenrecht. Was natürlich nicht heißt, dass jeder ein Recht darauf
hat, gesund zu sein. Es ist in erster Linie das Recht, Zugang
zum Gesundheitswesen zu erhalten. Dieses Menschenrecht gilt
in Deutschland für Flüchtlinge und Geduldete aber nur eingeschränkt. Während ihres Verfahrens haben Asylsuchende nach
dem Asylbewerberleistungsgesetz nur Anspruch auf die Behandlung akuter Erkrankungen. Die Behandlung von chroni-
schen Erkrankungen, Beeinträchtigungen und Traumata wird
nur im Einzelfall und im Ermessen gewährt. Wer Pech hat, bekommt keinen Arzt zu Gesicht. Ob und wie Geduldeten und
Flüchtlingen während des Verfahrens geholfen wird, darüber
entscheiden nicht etwa Ärzte, sondern medizinisch nicht fach-
kundige Mitarbeiter in den Sozialämtern. Dort werden Menschen unter Verweis auf das Asylbewerberleistungsgesetz zum
Teil lebensnotwendige Operationen verweigert bzw. über Monate verschleppt, Zahnbehandlungen abgelehnt, Anträge von
Traumatisierten auf eine psychotherapeutische Behandlung
abgewiesen sowie Rollstühle, Hörgeräte und Mittel zur Inkon-
tinenzpflege als »nicht lebensnotwendig« versagt. Dadurch,
dass notwendige Krankenbehandlungen ausbleiben, steigt die
Zahl der Notarzteinsätze, der Rettungsfahrten und der Aufnahmen in Klinikambulanzen. Die Betroffenen müssen vermeid-
bare Schmerzen erleiden sowie die Verschlechterung bestehen-
der Erkrankungen in Kauf nehmen.[25]

Auch akute Behandlungen werden Asylsuchenden zuweilen versagt – so geschehen beim fünfzehn Monate alten Leonardo. Seine Eltern waren im Dezember 2011 als Asylsuchender aus Serbien nach Deutschland gekommen. Die Familie wurde in der Gemeinschaftsunterkunft in Zirndorf bei Nürnberg untergebracht. Kurze Zeit später steckte sich Leonardo mit Meningokokken an und erlitt eine Hirnhautentzündung. Dem Jungen ging es schlecht, die Symptome wiesen auf eine schwerere Erkrankung hin. Der Bereitschaftsarzt der Flüchtlingsunterkunft maß am Abend die Temperatur und diagnostizierte einen fiebrigen Infekt, den er nicht für bedrohlich hielt. Er verschrieb fiebersenkende Zäpfchen. Als sich am Morgen auf Leonardos Haut schwarze Flecken bildeten, baten die Eltern in höchster Sorge um ihr Kind um einen Arzt und einen Rettungswagen. Die beiden diensthabenden Pförtner lehnten diese Bitte ab. Sie wollten einen Krankenschein sehen. Erst eine Stunde später wurde dieser von einer Mitarbeiterin der Flüchtlingsunterkunft ausgestellt. Doch auch sie holte keine Hilfe, rief weder Arzt noch Rettungswagen oder Taxi. Stattdessen schickte sie die verzweifelte Familie bei Minustemperaturen zu Fuß los. Später rechtfertigte sie sich damit, sie habe es für zumutbar gehalten, ein bis zwei Kilometer zu laufen.

Unterwegs las ein Autofahrer die Familie auf und fuhr sie zu einer Kinderärztin, die den Jungen umgehend in eine Klinik verlegen ließ. Blauschwarz im Gesicht und an den Händen war er dort bereits nicht mehr ansprechbar. Leonardo wurde für zwei Wochen in ein künstliches Koma versetzt, musste sich zahlreichen Hauttransplantationen unterziehen, verlor einen Zeh und einen Finger. Eine Klinikärztin sagte aus, dass der Kleine früher hätte behandelt werden müssen: Bei Hirnhautentzündung zähle jede Stunde.

Gegen den Bereitschaftsarzt, die Mitarbeiterin der Flüchtlingsunterkunft und die beiden Pförtner wurde vor dem Amtsgericht Fürth Anklage erhoben. Im April 2014 verurteilte das Gericht die Mitarbeiterin wegen unterlassener Hilfeleistung und die beiden Pförtner wegen fahrlässiger Körperverletzung zu Geldstrafen. Der Bereitschaftsarzt wurde freigesprochen.

Der Fall des kleinen Leonardo ist nicht der einzige, bei dem sich Mitarbeiter der Gemeinschaftsunterkünfte und der Sozialämter geweigert haben, Zugang zu medizinischer Versorgung zu gewähren. So starb der aus Libyen stammende Ahmed J. im Februar 2014 in einer Asylbewerberunterkunft im sächsischen Plauen. Wenige Tage zuvor war er wegen starker Schmerzen in einem Krankenhaus untersucht und entlassen worden. In der Nacht zum 14. Februar verspürte er erneut starke Schmerzen. Laut Angaben eines Sprechers der sächsischen Polizei hat der diensthabende Wachmann gesehen, dass Ahmed J. in seinem Zimmer auf dem Boden lag und sich vor Schmerzen krümmte. Mitbewohner der Unterkunft forderten den Wachmann mehrfach auf, einen Notarzt zu rufen. Der jedoch unternahm zwei Stunden nichts. In der Zwischenzeit gelang es Mitbewohnern, einen Notarzt anzurufen. Als er eintraf, konnte er nur noch den Tod von Ahmed J. feststellen. Die Obduktion ergab, dass er an einer Lungenembolie gestorben war. Ein Strafverfahren wegen unterlassener Hilfeleistung wurde im Januar 2015 gegen eine Geldzahlung eingestellt. Der Wachmann sagte aus, nur nach Dienstanweisung gehandelt zu haben.

Im April 2014 starb in Hannover das Baby einer Asylsuchenden aus Ghana. Die Kinderklinik hatte nach ihren Angaben die Behandlung ihres Babys abgelehnt, da sie keinen Krankenschein vorlegen konnte. Die Klinik bestreitet dies allerdings.

Auf Nachfrage von ARD-Journalisten erklärte Andrea Nahles, Bundesministerin für Arbeit und Soziales, die geschilderten Fälle aus Bayern und Sachsen ließen sich auf individuelles Fehlverhalten zurückführen. Das Asylbewerberleistungsgesetz böte eine vollständige medizinische Grundversorgung.[26] Damit macht es sich Frau Nahles aber zu leicht. Das Fehlverhalten der Mitarbeiter in den Unterkünften ist nur ein Teil des Problems. Mit dem Asylbewerberleistungsgesetz leistet der Gesetzgeber solchem Verhalten Vorschub: weil es erlaubt, dass medizinisch inkompetentes Personal mit der Entscheidung über einen legitimen Behandlungsanspruch betraut wird. Dies gilt insbesondere dann, wenn Ärzte nicht unmittelbar erreicht werden können. Mit Verweis auf das Gesetz meinen manche Bedienstete zudem, sie müssten eine »missbräuchliche« Inanspruchnahme ärztlicher Leistungen verhindern. Kranke Menschen werden so auf Gedeih und Verderb den Entscheidungen mehr oder minder freundlich gesinnter medizinischer Laien ausgeliefert.[27]

Anders als Frau Nahles meint, entspricht Gesundheitsversorgung von Asylsuchenden in Deutschland auch nicht den menschenrechtlichen Standards: denn diese Standards fordern einen uneingeschränkten Zugang zur Gesundheitsversorgung. Die Restriktionen in Deutschland fördern also nicht nur Fehlverhalten von medizinisch nicht geschultem Personal, sie sind auch menschenrechtlich nicht haltbar.

Straftat Busfahrt

Sie erinnern sich: Der baden-württembergische Ministerpräsident Winfried Kretschmann hatte die Zustimmung seines Landes zur Einstufung der Westbalkanstaaten als »sichere Herkunftsstaaten« auch damit gerechtfertigt, dass er im Gegenzug wichtige Verbesserungen für Asylsuchende erreicht habe. Dazu gehört eine Lockerung der sogenannten Residenzpflicht. Der Begriff ist irreführend. Gemeint ist, dass Asylsuchende sich nur im Bezirk der für sie zuständigen Ausländerbehörde aufzuhalten haben. Verlassen dürfen sie das Gebiet nur mit Erlaubnis der Ausländerbehörde; tun sie das ohne Genehmigung, begehen sie eine Ordnungswidrigkeit, im Wiederholungsfall sogar eine Straftat. Offiziell wird die Regelung damit begründet, dass Asylsuchende durch ihre ständige Anwesenheit im Bezirk der Ausländerbehörde schneller erreicht und ihre Verfahren dadurch zügiger durchgeführt werden können. Doch tatsächlich wurde die Residenzpflicht auch eingeführt, um die Menschen davon abzuschrecken, in Deutschland überhaupt Asyl zu suchen. Für jede etwas weitere Fahrt – um Freunde zu besuchen, an Sportveranstaltungen, kulturellen Events oder politischen Treffen teilzunehmen – brauchen Asylsuchende eine schriftliche Erlaubnis. Ob sie gewährt wird oder nicht, ist oft willkürlich.

Das Asylverfahrensgesetz erlaubt es Landesregierungen allerdings schon seit Jahren, von der Residenzpflicht abzuweichen. Die Landesregierungen können Ausländern gestatten, sich ohne vorherige schriftliche Erlaubnis vorübergehend in einem anderen Gebiet oder sogar im gesamten Bundesland aufzuhalten. Die Bundesländer können auch regeln, dass sich die ihnen zugewiesenen Asylsuchenden in anderen Bundesländern aufhalten dürfen.

Der Bundestag hat auf der Basis des »Schwarz-Grünen-Kompromisses« vom September 2014 im Dezember des gleichen Jahres das Gesetz zur »Verbesserung der Rechtsstellung von asylsuchenden und geduldeten Ausländern« beschlossen, und der Bundesrat hat wenig später zugestimmt. Nun soll auch die Residenzpflicht grundsätzlich nach drei Monaten Aufenthalt in Deutschland aufgehoben werden. Das ist ein großer Vorteil für Asylsuchende. Was dagegen bleibt: Abgelehnte Asylsuchende, die »geduldet« sind, müssen nach wie vor dort wohnen, wo es ihnen die Behörden vorschreiben, und dürfen diesen Ort nur vorübergehend verlassen. Flüchtlingsorganisationen fordern, die Wohnsitzauflage auch für Geduldete fallenzulassen – nur so ließe sich den Menschen eine Integrationsperspektive bieten. Sollte es in der Folge zu ungleichen Belastungen der Kommunen kommen, könnten Ausgleichszahlungen zwischen den Bundesländern einerseits und den Kommunen andererseits dem entgegenwirken.

Das »Gesetz zur Verbesserung der Rechtsstellung von asylsuchenden und geduldeten Ausländern« erleichtert auch den Arbeitsmarktzugang für diese beiden Gruppen. Bisher galt ein Arbeitsverbot von neun Monaten, bei Geduldeten von einem Jahr. Auch diese Regelung zielte auf Abschreckung. Asylsuchenden sollte deutlich gemacht werden, dass sie in Deutschland für einen bestimmten Zeitraum keine Chancen auf Arbeitsaufnahme haben würden. Abgeschreckt hat diese Regelung die Asylsuchenden nicht. Allerdings hatte das Arbeitsverbot fatale Auswirkungen; Asylsuchende – auch qualifizierte – wurden zur Untätigkeit gezwungen. Außerdem entstand in der deutschen Bevölkerung der Eindruck, dass die Asylsuchenden gar nicht arbeiten wollten. Vielen war gar nicht bewusst, dass Asylsuchende mit einem Arbeitsverbot belegt waren. Das wird auch in Zukunft so bleiben, allerdings wird es durch die Gesetzesänderung auf drei Monate verkürzt.

Ist damit nun alles gut? Keineswegs. Denn Asylsuchende

auf Arbeitssuche haben eine weitere Hürde zu überwinden – die sogenannte Vorrangprüfung. Laut dieser Regel darf ein Arbeitsplatz nur dann von einem Asylbewerber besetzt werden, wenn kein Deutscher, kein EU-Bürger und kein bereits anerkannter Flüchtling für die Tätigkeit in Frage kommt. Auch wenn sich ein Asylsuchender den Job selbst gesucht hat, prüft die Agentur für Arbeit, ob einer der Vorrangberechtigten zur Verfügung steht. Das dauert seine Zeit – auch zum Ärgernis potenzieller Arbeitgeber. Wird der Antrag auf Aufnahme des Arbeitsplatzes von den Behörden abgelehnt, bleibt die Stelle meist unbesetzt.

Die Vorrangprüfung entfällt nach der Neuregelung spätestens nach 15 Monaten. Die Bundesagentur für Arbeit muss aber weiterhin ihre Zustimmung zur Arbeitsaufnahme geben.

Allerdings darf nicht jeder arbeiten: Geduldeten Ausländern kann ein Arbeitsverbot erteilt werden, wenn die Einreise zum Zweck des Sozialhilfebezugs erfolgt ist oder wenn ein Abschiebungshindernis besteht, das der Asylsuchende selbst zu verantworten hat – zum Beispiel wenn er oder sie sich weigert, sich einen Pass zu beschaffen. So weit, so verständlich. Doch nun plant die Bundesregierung, jedem, dessen Asylantrag als »offensichtlich unbegründet« abgelehnt wurde, eine Einreise zum Zweck des Sozialhilfebezugs zu unterstellen. Gleiches soll für Asylsuchende gelten, für deren Asylantrag ein anderer EU-Staat zuständig ist. Dabei zeigt die Praxis im Bundesamt für Migration und Flüchtlinge, dass eine Ablehnung als »offensichtlich unbegründet« nicht immer korrekt ist. Und Flüchtlingen pauschal Asylmissbrauch zu unterstellen, wenn sie sich nicht mit den Fehlern des europäischen Verteilungssystems »Dublin« abfinden wollen, ist reichlich krude.

Bleiberecht gegen Abschiebungshaft

Im Dezember 2014 hat das Bundeskabinett einen Gesetzentwurf zum Bleiberecht und zur Aufenthaltsbeendigung beschlossen. Der Gesetzentwurf hat zwei Gesichter: Einerseits enthält er Erleichterungen für Menschen, die seit Jahren in Deutschland mit einer Duldung leben. Andererseits erleichtert er die Inhaftierung von Asylsuchenden und Menschen, deren Asylgesuch abgelehnt wurde.

In Deutschland leben über hunderttausend »Geduldete«. Sie haben keinen Flüchtlingsstatus bekommen, können aber aus verschiedenen rechtlichen oder anderen Gründen nicht in ihr Herkunftsland abgeschoben werden. Ihr Aufenthalt ist nicht rechtmäßig, wird aber toleriert. Sie haben keinen Aufenthaltstitel und müssen ständig mit ihrer Abschiebung rechnen. Grundsätzlich dürfen sie nicht arbeiten. Allerdings kann die Ausländerbehörde nach Zustimmung der Agentur für Arbeit für die Dauer der Duldung die Aufnahme einer Beschäftigung erlauben. Etwa 30 000 »Geduldete« leben seit über acht Jahren in dieser Situation.

Der Gesetzentwurf sieht nun eine Bleiberechtsregelung vor, die nicht mehr nur für Menschen gilt, die seit einem bestimmten Stichtag geduldet sind. Wer seit mindestens acht Jahren mit einer »Duldung« in Deutschland lebt, nicht straffällig geworden und gut integriert ist und seinen Lebensunterhalt vorwiegend selbst finanzieren kann, soll ein Aufenthaltsrecht bekommen. Familien mit minderjährigen Kindern sollen dies bereits nach sechs Jahren erhalten. Damit wurde einer langjährigen Forderung von Flüchtlingsorganisationen zumindest teilweise entsprochen.

Auf der anderen Seite erleichtern aber neue Haftgründe die

Inhaftierung von Asylsuchenden auch während des Verfahrens. Zum Beispiel, dass »der Ausländer zu seiner unerlaubten Einreise erhebliche Geldbeträge für einen Schleuser aufgewendet« hat. Nach der Begründung des Gesetzentwurfs sollen Beträge zwischen 3000 und 20 000 Euro pro Person als Indiz für eine Einschleusung ins Bundesgebiet herhalten. Diese Regelung trifft viele Asylsuchende, die über andere Länder nach Deutschland einreisen wollen. Er trifft die Syrer wie die Eritreer gleichermaßen, die sich in Booten übers Mittelmeer aufmachen oder in einem Lastwagen versteckt nach Europa kommen. Es gibt derzeit kaum legale Wege, die diese Menschen beschreiten könnten. Ohne die Hilfe von Schleppern und die Zahlung von Geldbeträgen wird es kaum jemand schaffen, nach Deutschland oder in die EU zu gelangen. Auf Asylsuchende das schärfste Repressionsinstrument anzuwenden, das unser Land hat – eine Inhaftierung –, wäre eine fatale Aussage.

Stellvertretend für die gesamte deutsche Asylpolitik macht auch dieser Gesetzentwurf klar: Wer nach Deutschland flieht, den erwartet keine Vollversorgung, sondern die Härte eines Systems, das den Ausgleich sucht zwischen Schutz von Flüchtlingen, der Verteilung der Asylsuchenden in der EU und Deutschland, und der Abwehr der Unerwünschten. Unser Asylsystem ist kein Zuckerschlecken. Es ist eine bittere Pille.

Kapitel 6

Eine bessere Flüchtlingspolitik

Andenken und überdenken

Zu Beginn dieses Buches haben wir gefordert, die europäische Flüchtlingspolitik gehöre auf den Prüfstand. Wir haben gefragt, welche Ursprünge der Flüchtlingsschutz hat, wo wir uns selbst im Weg stehen und wo die Flüchtlingspolitik an ihre Grenzen gerät. Welches Bild hat sich also bis hierhin ergeben?

Erstens: Der Flüchtlingsschutz, wie wir ihn heute kennen, ist als Reaktion auf die Not in Europa nach dem Zweiten Weltkrieg entstanden – eine Not, die der von Hitler-Deutschland angezettelte Krieg erst ausgelöst hat. Während zunächst alle Anstrengungen darauf gerichtet waren, die vom Deutschen Reich zwangsrekrutierten Arbeiter, Kriegsgefangenen und Verfolgten in ihre Heimatländer zurückzuschicken – auch gegen ihren Willen –, dachte man bald um: Widerwillig, doch letztlich erfolgreich bot man denen, die in der Sowjetunion und ihren verbündeten Staaten aus politischen Gründen bedroht waren, ein neues Zuhause vor allem in Übersee. Auch Deutsche können auf Erfahrung von Flucht und Vertreibung zurückblicken: Einer von drei Deutschen ist entweder selbst Vertriebener oder ist Kind oder Enkelkind eines Vertriebenen. Die Deutschen waren zwar von der Umsiedlung ausgenommen, doch auch ihnen wurde durch die Flüchtlingsorganisationen Hilfe zuteil. Aus dem Wissen um die Entstehungsgeschichte des Flüchtlingsschutzes erwächst auch eine Verantwortung für die Flüchtlinge von heute.

Zweitens: Im Flüchtlingsschutz wird in Kategorien gedacht, wobei mehr Menschen aus- als irgendwohin einsortiert werden. Anders als jene, die meinen, das »Boot Deutschland/

Europa« sei »voll«, betreiben wir keine Politik der offenen Tür, sondern eine der Selektion. Solange es internationale Grenzen gibt, wird sich an diesem Prinzip nichts ändern. Es ist falsch, Menschen gar nicht erst nach Europa hereinzulassen. Doch es ist nicht hilfreich, zu verschweigen, dass einige von ihnen aus dem Raster des Flüchtlingsrechts fallen. Eine gute Flüchtlingspolitik stellt sich dem Widerspruch, dass sie manche zu Recht privilegiert und andere zu Unrecht benachteiligen muss. Auf welcher Grundlage wir diese Linie ziehen, darüber haben wir in den letzten Jahrzehnten eine Wertevorstellung entwickelt, die wir nicht leichtfertig aufgeben sollten: Schutz wird denen geboten, die in ihrem Heimatland einer schwerwiegenden Bedrohung ausgesetzt sind – was schwer wiegt, dürfen wir nicht am Stammtisch entscheiden, sondern müssen es in ordentlichen Verfahren an unserer eigenen Grundrechts- und der internationalen Menschenrechtsordnung messen.

Drittens: Europa will ein Raum der Freiheit, der Sicherheit und des Rechts sein. Ob es das tatsächlich ist, entscheidet sich besonders an denen, die auf Schutz angewiesen sind. Dazu gehören auch jene, die in Europa um Asyl bitten – unabhängig davon, aus welchen Gründen sie fliehen.

Europa hat sich über die vergangenen zehn Jahre ein in manchen Bereichen vorbildliches Asylrecht gegeben. Doch dieses Gemeinsame Europäische Asylsystem existiert als solches nur auf dem Papier. Der Anspruch, die Bedingungen und Regelungen in den EU-Staaten anzugleichen, ist an der Wirklichkeit gescheitert.

Gravierende Schwierigkeiten bei der Harmonisierung von Regeln erlebt die EU nicht nur in der Flüchtlingspolitik. Aber anders als in anderen Bereichen setzen die Versäumnisse in der

Flüchtlingspolitik nicht nur Geld, sondern auch Menschenleben aufs Spiel. Damit nicht genug: Während im Innern Europas zumindest der Versuch unternommen wird, ein Asylsystem zu schaffen, das diesen Namen verdient, sind die Hürden nach außen stetig gewachsen.

Viertens: Mangelhafter Flüchtlingsschutz ist kein Problem allein der südlichen und östlichen Staaten der EU. Deutschland ist nicht das Paradies für Flüchtlinge, das es gerne vorgibt zu sein. Wie überall in Europa schlägt auch hier Flüchtlingen oftmals Fremdenhass und Misstrauen entgegen. Asylverfahren dauern zu lange, Schutzbedarf wird nicht erkannt, die medizinische und psychologische Betreuung während des Asylverfahrens ist unzureichend, die Unterbringung von Flüchtlingen vielfach mangelhaft.

Die Flüchtlingspolitik steht vor einer schwierigen Herausforderung: Wie geht sie richtig mit einem Problem um, das sie nicht lösen kann? Schließlich ist jede Flüchtlingspolitik im Verhältnis zur weltweiten Vertreibung vergleichbar mit der Gabe von lokalen Schmerzmitteln: Gesundung ist durch sie nicht zu erwarten. Doch diese Erkenntnis ersetzt nicht die Suche nach Antworten – sonst würden wir uns unserer Gestaltungsmacht berauben und ganz nebenbei unsere menschenrechtliche Grundordnung aufgeben.

Die Suche nach Antworten fängt bei dem so richtigen wie trivialen Satz an, dass wir »nicht die ganze Welt aufnehmen können« – davon sind wir ohnehin weit entfernt. Wir wollen überlegen, wie solche Antworten aussehen könnten – kurzfristig, langfristig, in Deutschland, in der EU und in den Heimatregionen der Flüchtlinge.

Wo fängt eine gute Flüchtlingspolitik an, wo hört sie auf?

Ausrede Fluchtursachen: »Wann tun Sie endlich etwas?«

Wann immer über Flüchtlingspolitik diskutiert wird, lässt ein Argument nicht lange auf sich warten: Die Flüchtlingspolitik kranke daran, dass sie die *Fluchtursachen* nicht beseitige. Der Slogan »Fluchtursachen bekämpfen« ist wohl das Einzige, was rechte und linke politische Lager im Gespräch über die Flüchtlingspolitik eint. Gregor Gysi, Vorsitzender der Bundestagsfraktion von Die Linke, fragte die Bundesregierung im September 2014 im Bundestag: »Wann tun Sie endlich etwas gegen die Fluchtursachen? Das ist das Entscheidende.« Bayerns Europaministerin Beate Merk (CSU) sagte im Oktober des gleichen Jahres: »Wir müssen Krisenstaaten stabilisieren, Fluchtursachen bekämpfen und Lebensperspektiven für die betroffenen Menschen vor Ort schaffen.«

Beide haben recht mit ihrer Forderung, auch die Ursachen für wirtschaftliche und politische Instabilität in den Blick zu nehmen. Doch das Argument ist dann ein billiges, wenn es von den dringlichen Entscheidungen beim Flüchtlingsschutz in Europa ablenkt. Die können wir nicht aufschieben, indem wir die Politik mit richtigen, aber nur langfristig erfüllbaren Forderungen konfrontieren. Die Gründe sowohl für wirtschaftliche Migration als auch für Flucht und Vertreibung sind vielschichtig und können sich von Region zu Region, von Land zu Land unterscheiden. Gemeinsam ist ihnen allerdings eines: Eine schnelle, eindeutige Lösung gibt es für keine der Fluchtursachen – nicht für die in Russland, nicht für die in Afghanistan, in Serbien, Pakistan, im Kosovo, in Somalia, Eritrea, Nigeria oder im Iran und Irak. Sie sind die Hauptherkunftsländer von Asylsuchenden in der EU.

Die Situation vor Ort ist immer ein Geflecht von Problemen, das sich nicht über Nacht auflösen lässt. Die Konzentration auf langfristige Hilfskonzepte in den Herkunftsregionen kann den Blick auf akute und gegenwärtige Probleme verstellen. Und so auch von den Versäumnissen in Europa ablenken: etwa was die Hürden bei der sicheren Einreise angeht, die Versäumnisse bei der Seenotrettung und der Angleichung der Standards. Auch was die Kapazitäten bei der Unterbringung und die zu langen Entscheidungsprozesse über Asylanträge anbelangt, besteht in Europa Handlungsbedarf.

Gleichwohl gilt: Flüchtlingspolitik fängt nicht erst auf dem eigenen Staatsgebiet an. Eine gute Flüchtlingspolitik muss sicherstellen, dass Menschen auch tatsächlich Zugang zum Asylverfahren haben, sie braucht eine Strategie, wie man Flüchtlingen in anderen Ländern hilft, und muss Antworten darauf entwickeln, wie Menschenrechte im Ausland am besten geschützt werden.

Zu denen gehen, die nicht kommen

Nimmt Flüchtlingspolitik eine grundsätzliche Tatsache der weltweiten Fluchtbewegungen ernst, dann muss sie sich auch um die Situation derer kümmern, die in ihrer Heimatregion bleiben oder bleiben müssen – sie bilden die Mehrzahl der Flüchtlinge weltweit. Ob Flüchtlinge aus der Demokratischen Republik Kongo, aus dem Südsudan, der Zentralafrikanischen Republik, aus Afghanistan oder aus Syrien: sie alle harren vor allem in Nachbarregionen ihrer Heimat aus. Das liegt nicht allein daran, dass die Länder des globalen Nordens die Hürden für die legale Einreise erhöht haben. Die Menschen entscheiden sich für kurze Wege, weil sie so leichter und schneller zurückkehren können, weil das Nachbarland familiäre, sprachliche oder kulturelle Anknüpfungspunkte bietet oder weil ihnen schlicht die Mittel für die Flucht in ein weiter entferntes Land fehlen.

Hilfe für die Flüchtlinge, die es gar nicht erst bis nach Europa schaffen (wollen), ist in erster Linie ein humanitärer Imperativ. Er richtet sich allein nach der Bedürftigkeit der Betroffenen, nicht nach ihrer Religion, nach ihrer politischen Überzeugung, ihrer Nationalität oder ihrem Geschlecht. Humanitäre Hilfe bezieht in einem Konflikt auch keine Position und ist unabhängig von sicherheitspolitischen oder wirtschaftlichen Erwägungen. Wird sie für das Erreichen politischer Ziele missbraucht, kann das ihrer breiten Akzeptanz vor Ort nur schaden.

Hilfe in den betroffenen Ländern ist Teil jeder mittelfristigen Strategie im Umgang mit Flüchtlingskrisen. Sie trägt auch der Tatsache Rechnung, dass benachbarte Aufnahmeländer bei einer fehlenden internationalen Unterstützung dazu neigen, ihre Grenzen für Flüchtlinge zu schließen.

Am deutlichsten wird das derzeit an den 10 Millionen Flüchtlingen aus Syrien: 86 Prozent von ihnen haben in den Nachbarländern Türkei, Jordanien und dem Libanon Zuflucht gefunden. Die Unterstützung dieser Länder ist dringend geboten, da inzwischen sowohl Jordanien als auch der Libanon Maßnahmen ergriffen haben, um den Zustrom von syrischen Flüchtlingen zu beschränken. Zwar behaupten jordanische Regierungsvertreter, die Grenzen seien für Flüchtlinge nach wie vor offen, doch die Realität sieht anders aus. Palästinensischen und irakischen Flüchtlingen aus Syrien, alleinstehenden Männern ohne familiäre Kontakte in Jordanien und Menschen ohne gültige Ausweispapiere wird der Zugang ins Land seit Januar 2013 verwehrt.[1] Libanesische Grenzbeamte wiederum weisen seit Herbst 2014 an manchen Tagen alle Flüchtlinge zurück, während an anderen Tagen immerhin einige Flüchtlinge ins Land gelassen werden.[2]

Die Unterstützung der Flüchtlinge in den Nachbarstaaten ist darüber hinaus notwendig, weil immer auch die Gefahr droht, dass sich ein Konflikt ausweitet. Zu beobachten ist das derzeit im Libanon, wo eine Million Syrer Zuflucht gefunden haben; das entspricht einem Viertel der Gesamtbevölkerung des Libanon. Das demographische Gleichgewicht zwischen Schiiten, Sunniten und Drusen droht durcheinanderzugeraten. Unisono warnen die libanesische Regierung und der UNHCR inzwischen vor dem Kollaps der kleinen Republik am Mittelmeer. Sollte dies geschehen, hätte das katastrophale Folgen für die ganze Region.

Selbst wenn über die Notwendigkeit von Hilfsmaßnahmen in der Heimatregion- bzw. benachbarten Regionen Einigkeit besteht, sind enorme Herausforderungen zu meistern. Auch das wird am Beispiel Syriens deutlich. Zunächst einmal müssen finanzielle Mittel bereitgestellt werden, um eine Versorgung der Flüchtlinge sicherzustellen. Das Welternährungsprogramm meldete Ende 2014, dass die Ausgabe von Bargeld-Gutscheinen für syrische Flüchtlinge beendet werden musste, weil einige der Geberländer die zugesagten Mittel nicht überwiesen hätten. Kurzfristig konnte die Hilfe nur wieder aufgenommen werden, weil Privatspender einsprangen. Doch es fehlt weiter an Geld. Nach einer Analyse der Hilfsorganisation Oxfam sind es neben Frankreich vor allem die fehlenden Beiträge Russlands, die eine Lücke in das Budget der Welternährungsorganisation gerissen haben. Wenn man sich vor Augen führt, wie schnell die EU einen Agrarfonds auf die Beine gestellt hat, aus dem etwa die Ausfälle polnischer Obstbauern nach Russlands Einfuhrstopp kompensiert werden, ist es unverständlich, dass nicht Ähnliches unternommen wird, um den Hunger der syrischen Flüchtlinge zu lindern. Gleichwohl sind nicht nur Regierungen, sondern auch Bürger gefragt, sich mit Spenden an humanitärer Hilfe zu beteiligen.

Neben der Bereitstellung von ausreichenden Finanzmitteln muss deren Verteilung koordiniert werden. Die Hilfe muss die Menschen erreichen – und das ist keineswegs so banal, wie es im ersten Moment klingt. Eine Analyse ergab, dass die Versorgung von über 60 Prozent der Flüchtlinge, die in jordanischen Städten leben, nicht ausreichend ist: weder im medizinischen Bereich, noch was die Versorgung mit Lebensmitteln, die Unterbringung oder den Zugang zu Schulbildung für die Kinder angeht. Am anfälligsten für solche Arten der Unterversorgung sind diejenigen, die gar nicht vom UNHCR registriert sind oder deren Registrierung abgelaufen ist.[3]

Flüchtlinge, die nicht in Camps »zusammengefasst« sind, sondern an verschiedenen Standorten verstreut leben, stellen die humanitären Helfer vor die größten Herausforderungen. In Jordanien zum Beispiel erreichen nur einige wenige NGOs diese versprengten städtischen Flüchtlinge. Die meisten dieser Organisationen aber sind zu klein, um die Ressourcen aufzubringen, auch nehmen sie selten an den Koordinierungstreffen teil, die internationale Organisationen veranstalten. So bleiben die städtischen Flüchtlinge weiter außerhalb des Blickfelds der großen Hilfsorganisationen.

Es ist allerdings nicht nur damit getan, die Bedürftigen zu finden und ihre größte Not zu lindern. Ein Beispiel: Vor dem Krieg war die Anzahl der Analphabeten in Syrien die niedrigste in der Region. Doch das könnte sich in Zukunft dramatisch ändern. Im Libanon leben inzwischen mehr syrische Kinder als einheimische. In Schulen aber kann nur ein Viertel von ihnen gehen, für die übrigen fehlen Kapazitäten und Mittel. Es ist nicht nur ein menschliches Drama, dass viele dieser Kinder keine Schulbildung genießen werden. Es ist auch fatal für die zukünftige Entwicklung und Stabilität eines Syrien nach dem Krieg. In den Worten von Kristalina Georgieva, der EU-Kommissarin für Internationale Zusammenarbeit: »Ja, es kostet Geld. Aber was ist das verglichen mit den Kosten eines radikalisierten Syrien ohne Schuldbildung in ein paar Jahren?« Dabei würde es de facto gar nicht viel kosten, allen syrischen Kindern eine Schulbildung zu ermöglichen. 2014 veranschlagte die Initiative »No Lost Generation« dafür 885 Millionen US-Dollar. Im Herbst 2014 fehlten zu dieser Summe noch 200 Millionen US-Dollar – weniger als die Produktionskosten des Disney-Trickfilms »Die fantastische Welt von Oz«, ein Film, den die meisten syrischen Kinder wohl nie sehen werden.

Flucht ermöglichen: Legale Zugangswege schaffen

Auf ein seeuntüchtiges Boot begibt sich niemand freiwillig. Dass Menschen es dennoch tun, liegt auch daran, dass ihnen kaum sichere Wege nach Europa offenstehen. Dass es kaum möglich ist, in die Europäische Union zu reisen, um einen Asylantrag zu stellen, liegt an der Kooperation mit Drittstaaten und den Richtlinien für die Vergabe von Visa. Diese Richtlinien erfordern nämlich grundsätzlich die Rückkehrbereitschaft des Antragstellers.

Aber wie könnten legale Fluchtwege nach Europa aussehen? Die radikalste Lösung ist folgende: Für alle Menschen weltweit ist es möglich, für eine kurze Dauer visumsfrei in die EU einzureisen – wie auch EU-Bürger ohne Visum in die meisten Staaten der Welt reisen dürfen. Dann kann jeder zum Preis eines Flugtickets auf legalem Weg die Union erreichen, um dort einen Antrag auf Asyl zu stellen. Das ist zwar nicht dasselbe, wie internationale Grenzen abzuschaffen, aber es ist fast dasselbe. Allerdings wird keine Regierung eines EU-Staates das Privileg, die legale Einreise über die Vergabe von Visa zu regeln, ohne Gegenleistung aufgeben. Wenn sie es täte, bliebe dabei wahrscheinlich auch die Akzeptanz für den Flüchtlingsschutz auf der Strecke.

Realistischer ist es daher, bestehende Möglichkeiten bei der Visumsvergabe besser auszuschöpfen. Mit den geltenden Regeln wäre es nämlich schon heute möglich, die Chance auf eine legale Einreise substanziell zu verbessern: Der Visakodex der EU erlaubt es den Mitgliedsstaaten, von den normalen Voraussetzungen zur Visavergabe abzuweichen, um *humanitäre Visa* auszustellen – also Visa zum Zweck, Asyl zu suchen. Mit diesen könnte die Reise in das entsprechende EU-Land legal zurückgelegt werden. Der Asylantrag würde in einer zuständigen Auslandsvertretung provisorisch geprüft, die eigentliche Prüfung fände aber nach der Einreise in der EU statt. Schon heute reisen einige Flüchtlinge bereits legal mit einem Touristenvisum in die EU ein – allerdings nur jene, die auch genügend Geld, eine Arbeitsstelle oder anderes haben, das ihre Rückkehrbereitschaft demonstriert. In dieser Hinsicht wäre die Vergabe humanitärer Visa sogar ehrlicher als die gegenwärtige Praxis.

In Einzelfällen kann die Vergabe humanitärer Visa ein gutes Instrument sein. Doch wenn wegen einer Krise Menschen in großen Zahlen fliehen, ist es ungeeignet, weil auch die Vergabe solcher Visa mit bürokratischem Aufwand verbunden ist – sie dauert also lange. In diesem Fall könnten für bestimmte Staatsangehörige die Visa-Erfordernisse vorübergehend generell herabgesenkt werden, um die schnelle Vergabe humanitärer Visa zu ermöglichen. Und schließlich könnten humanitäre Visa auch durch andere Instrumente ergänzt werden – zum Beispiel die Familienzusammenführung: Beschränkt man den Familienbegriff nicht nur auf die Kernfamilie – Mutter, Vater und Kinder –, dann könnten bereits in der EU lebende Personen andere Familienmitglieder leichter auf legalem Weg nachkommen lassen. Eine andere Möglichkeit wäre es, Privatpersonen und Institutionen die Aufnahme von Flüchtlingen »sponsern« zu lassen. Doch beide Vorschläge haben auch Nachteile: Nur jene, die privilegiert genug sind, bereits Familienmitglieder in der EU zu haben oder private Mittel für ein Sponsoring aufzubringen, könnten auf diesem Wege sicher in die Europäische Union einreisen.

Eine andere Idee kam im Herbst 2014 aus dem Bundesministerium des Innern. Thomas de Maizière schlug vor, in Kooperation mit dem UNHCR »Asyl- oder Willkommenszentren« der EU in Nordafrika zu errichten. In diesen Zentren solle dann geprüft werden, wer die Kriterien für den Flüchtlingsstatus oder andere humanitäre Aufenthaltstitel erfülle. Der Minister hat recht, wenn er beklagt, der jetzige Zustand würde begünstigen, »dass die Starken sich durchsetzen«. Der Vorstoß, das Asylverfahren nach Nordafrika auszulagern, ist trotzdem falsch: Seine Umsetzung würde dort genau die Flüchtlingscamps schaffen, deren Existenz und Fortbestand wir anderenorts beklagen. Auch die Qualität der Asylverfahren in den Zentren würde sich gegenüber der in der EU vermutlich verschlechtern. Und selbst jene, deren Schutzstatus geklärt ist, liefen Gefahr, in den Zentren zu stranden: denn eine rechtliche Pflicht, Menschen aus einem anderen Staat aufzunehmen, gibt es nicht.

Abgesehen davon ist der Vorstoß auch praktisch nicht umsetzbar: Ägypten und Libyen kämen wegen der dortigen politischen Situation kaum für derartige Zentren in Frage. Für Flüchtlinge aus dem Nahen Osten sind diese beiden Länder als Transitländer allerdings viel wichtiger als die weiter westlich gelegenen Staaten Tunesien, Algerien und Marokko.

Das beste Mittel unter den schlechten: Flüchtlinge ausfliegen

Die Idee ist nicht neu: Wenn die Bedingungen in einem Fluchtland langfristig zu schlecht sind, könnten Flüchtlinge in einem anderen Land neu angesiedelt werden. Dieses *Resettlement* stammt aus der Geburtsstunde des Flüchtlingsschutzes nach dem Zweiten Weltkrieg. Seitdem wurde es lange als beste Lösung für Flüchtlingskrisen gesehen – auch in den Industrieländern, wo bis in die achtziger Jahre hinein die Anzahl der Flüchtlinge relativ gering war. Doch als diese in den Neunzigern rapide anstieg, änderte sich auch die Einstellung zum *Resettlement.* Nun war die Rückkehr der Flüchtlinge in ihre Heimat wieder die bevorzugte Lösung. Wie schon nach dem Zweiten Weltkrieg war die Bereitschaft dazu nicht bei allen hoch, so dass manche gegen ihren Willen »repatriiert« wurden, selbst vom UN-Hochkommissar für Flüchtlinge.

In den vergangenen Jahren gab es abermals großangelegte Versuche, Flüchtlinge wieder in ihre Heimatländer zurückzuführen. Der UNHCR repatriierte 2002 fast zwei Millionen

Menschen nach Afghanistan – dabei stand die Organisation auch unter dem politischen Druck der Vereinigten Staaten, die eine Rückkehr der Flüchtlinge als Erfolg ihrer Aufbaubemühungen in Afghanistan verbuchen wollten. Doch der Optimismus war verfrüht; Afghanistan bleibt eines der Hauptherkunftsländer auch für neue Flüchtlinge.

Manche der verfahrenen Flüchtlingskrisen haben sich über Jahrzehnte nicht aufgelöst, sie überlasten die lokale Infrastruktur der Aufnahmeländer und gefährden die politische Stabilität der Nachregionen. *Resettlement* kann dazu beitragen, dass Flüchtlinge gerechter in der Welt verteilt werden. Es kann Flüchtlingscamps, die längst keine kurzfristige Notlösung mehr sind, abwickeln und den Bewohnern endlich eine Perspektive geben. Und es kann verhindern helfen, dass diejenigen, denen es körperlich am schlechtesten geht oder die am wenigsten Mittel zur Verfügung haben, sich auf den gefährlichen Weg in die Industriestaaten machen, weil sie dies nun auch auf dem legalen Weg tun können.

Resettlement ist allerdings kein Allheilmittel. Derzeit hat weltweit nur etwa ein Prozent aller Flüchtlinge die Aussicht darauf, weil die Staaten nur wenige Plätze zur Verfügung stellen. Selbst wenn sich die Zahl der Plätze verzehnfachte, bliebe sie im Verhältnis zur Gesamtzahl der Flüchtlinge klein. Der UNHCR, zuständig für die Verteilung der Plätze, wählt dementsprechend rigoros die Personen aus, die für die Neuansiedlung in Frage kommen: Menschen, die entweder von der Abschiebung in ihr Heimatland bedroht sind, die besondere medizinische Bedürfnisse haben, Mädchen und Frauen, die wegen ihres Geschlechts diskriminiert werden, unbegleitete Kinder oder Personen, die mit ihrer Familie zusammengeführt werden sollen. Die fehlende langfristige Perspektive im Fluchtland kann zwar auch ein Kriterium für *Resettlement* sein, gegenüber den anderen ist es aber das schwächste. Zumal die aufnehmenden Staaten selbst eigene Kriterien für solche Neuansiedlungen aufstellen können. Daher besteht die Gefahr, dass nicht nur nach Bedürftigkeit ausgewählt wird, sondern dass auch wirtschaftliche, kulturelle oder religiöse Kriterien eine Rolle spielen. *Resettlement* kostet außerdem mehr Geld, als den Flüchtlingen in der Heimatregion zu helfen. Und schließlich kann es ein Feigenblatt dafür sein, Flüchtlinge, die dennoch den Weg über die Grenze wagen, nicht mehr ins Land zu lassen. Das ist an Australien und den USA zu beobachten: Dort werden zwar weltweit die meisten *Resettlement*-Plätze angeboten, gleichzeitig haben die beiden Länder aber die rechtlichen und physischen Hürden für die Einreise von Flüchtlingen immer weiter erhöht. So ist die Gesamtzahl der Flüchtlinge dort viel kleiner als in der EU.

Wird eine Neuansiedlung nicht gegen den Zugang zum Asylsystem ausgespielt, ist sie das beste Mittel unter schlechten. In der europäischen Flüchtlingspolitik spielt sie derzeit allerdings nur eine bescheidene Rolle: Zwar haben in den letzten zehn Jahren neben den traditionellen *Resettlement*-Ländern in Skandinavien auch einige andere EU-Staaten entsprechende Programme ins Leben gerufen oder Flüchtlinge in Einzelaktionen aus ihren Fluchtländern ausgeflogen. Aber die EU-Länder bieten nur etwa acht von hundert der weltweit verfügbaren *Resettlement*-Plätze an.

Brüssel ist hier kein Hindernis; von der EU wird den Mitgliedsstaaten für jeden aufgenommenen Flüchtling ein Pauschalbetrag überwiesen. Es sind die Mitgliedsstaaten selbst, die nicht nur zögerlich bei der Aufnahme solcher Flüchtlinge sind, sondern ihnen auch nur ungern die gleichen Rechte wie anderen Flüchtlingen einräumen. So ist es den von Deutschland aufgenommenen *Resettlement*-Flüchtlingen nicht möglich, ihre Familien nachzuholen.

Erneut wird vor allem an den syrischen Flüchtlingen deutlich, warum Europas Antwort unzureichend ist. Deutschland hat beim *Resettlement* von Syrern eine Vorreiterrolle eingenommen: Mit 28 000 Plätzen hat es mehr zum *Resettlement* beigetragen als alle anderen Länder der EU zusammen. Doch auch wenn man die Gesamtzahl der Plätze in der EU ins Verhältnis setzt, schrumpft ihr Wert schnell zusammen. Der winzige Libanon nimmt über 700-Mal mehr Flüchtlinge auf als die EU – *Resettlement* inklusive. In absoluten Zahlen hat die Türkei zehnmal so viele syrische Flüchtlinge aufgenommen, wie in den letzten drei Jahren in der EU Asyl beantragt haben.

Amnesty International rief daher im November 2014 die internationale Gemeinschaft dazu auf, 380 000 syrischen Flüchtlingen aus dem Libanon, Jordanien, Irak, Ägypten und der Türkei die Möglichkeit der Neuansiedlung zu bieten – das wären 10 Prozent der Gesamtzahl der Flüchtlinge.[4] Die Zahl 380 000 ist nicht aus der Luft gegriffen. Sie entspricht der Anzahl der Personen, die der UNHCR nach den Kriterien der Organisation über die Schutzbedürftigkeit ausgewählt hat.

Lost in Transit:
Die Bedingungen in den Transitstaaten verbessern

Resettlement und Visavergabe sind gute Instrumente, um die legale Einreise von Flüchtlingen zu gewährleisten. Wunder sind von ihnen indes nicht zu erwarten. Auch wenn man diese beiden Instrumente anwendet, wird das Problem illegaler Einreisen nicht vom Tisch sein. Es wird nach wie vor Menschen

geben, die in den Transitstaaten ausharren und auf eine Weiterreise in die EU hoffen – zum Beispiel weil sie nicht Angehörige eines Staates sind, für den aufgrund einer Krise eine Visaer-
leichterung beschlossen wurde, oder weil sie nicht fürs *Resettlement* in Frage kommen.

Die Auseinandersetzung mit der Frage, wie man die Asylsysteme auch in Ländern außerhalb der EU stärken kann, darf
daher kein Tabu sein. Für den Zeitraum von 2004 bis 2020 hat
die EU rund 400 Millionen Euro dafür zur Verfügung gestellt.
Ausgegeben wurde das Geld in der Vergangenheit vor allem an
den UNHCR, der es zum Beispiel für Verbesserungen bei der
Registrierung von Flüchtlingen, für die Recherche von Informationen über die Lage in den Herkunftsländern und für Auf-
nahmeeinrichtungen ausgab.

400 Millionen Euro für die Verbesserung der Asylsysteme
in den Transitstaaten sind nur auf den ersten Blick viel. Im
selben Zeitraum wird die EU unter dem »Internal Security
Fund« 2,8 Milliarden Euro für die Grenzsicherung zur Verfügung stellen. Die EU braucht dringend bessere Instrumente,
um sich für den Flüchtlingsschutz auch außerhalb des eigenen
Territoriums einzusetzen. Denn erst wenn in den Transitstaaten
die Rechte gewährt werden, die Flüchtlingen nach internationalem Recht zustehen, wird man davon sprechen können, dass
sich Flüchtlinge auch dort statt in der EU aufhalten können.

»See you later, Dublin«: Das Scheitern des europäischen
Verteilungssystems eingestehen

Auf dem Papier will das Dublin-System Flüchtlinge zwischen
den Ländern der EU aufteilen, damit nicht einige wenige die

Hauptlast tragen. Im Grundsatz ist diese Überlegung verständlich. Immerhin gibt es auch in Deutschland eine breite Zustimmung dafür, dass Asylsuchende während des Verfahrens auf verschiedene Bundesländer verteilt werden – unter der Prämisse, dass jedes Bundesland dieselben menschenrechtlichen Standards beachtet. Das Dublin-System ist auf den ersten Blick nichts weiter als die Übertragung dieser Idee auf die Ebene der EU. Was das angeht, sind wir fast schon die Vereinigten Staaten von Europa. Besonders wenn man die Dinge aus Brüsseler Perspektive betrachtet: Wir leben nicht mehr in der Kleinstaaterei, in der von Katholiken verfolgte Protestanten aus dem Rheinland in Sachsen-Anhalt Schutz erhalten müssen; die EU hat ein gemeinsames Asylrecht und gemeinsame Grundrechte-Standards. Aus der Perspektive der Flüchtlinge und ihrer Anwälte sprechen die Annahmen des Dublin-Systems der Realität trotzdem Hohn.

Wir haben bereits ausführlich darauf hingewiesen, dass nicht nur die Situation in einigen Ländern, insbesondere Griechenland, Bulgarien und Ungarn, so schlecht ist, dass sie in Hunderten Gerichtsentscheidungen als unmenschliche oder erniedrigende Behandlung eingestuft wurde. Dennoch wurde lediglich ein Abschiebestopp nach Griechenland verhängt. Auch werden die Interessen der Asylsuchenden im Dublin-System kaum berücksichtigt. Sprachliche und kulturelle Anknüpfungspunkte spielen keine Rolle, soziale werden auf die Familie begrenzt. Und schließlich ist das Dublin-System auch inkonsequent im Hinblick auf die Idee der »vereinigten Staaten«: Während eine Ablehnung eines Asylgesuchs jeden Staat bindet, tut es eine Anerkennung nicht. Ein Flüchtling, der in Spanien das Asylverfahren erfolgreich durchlaufen hat, kann nicht einfach nach Frankreich weiterwandern, weil er französisch spricht und in Frankreich Bekannte hat. In Deutschland kann ein in Berlin anerkannter Flüchtling allerdings sehr wohl nach Nordrhein-Westfalen ziehen.

Ob durch das Dublin-System überhaupt eine Lastenteilung erreicht werden *soll,* lässt sich durchaus in Frage stellen. Verantwortlich für ein Asylverfahren ist zunächst der Staat, der dem Asylsuchenden Zutritt gewährt hat. Dieses Grundprinzip schafft Anreize, Menschen gar nicht erst den Zugang zur EU zu gewähren. Es führt auch dazu, dass naturgemäß die Staaten an den Außengrenzen stärker belastet sind – eine Tatsache, die aktuell nur dadurch ausgehebelt wird, weil Flüchtlinge unerkannt weiterreisen oder die Behörden von anderen EU-Staaten sie »ins Innere der Union« weiterreisen lassen.

Selbst im Bundesamt für Migration und Flüchtlinge hat man erkannt, dass das Dublin-System gegenwärtig nicht funktioniert und zudem mit einem enormen Verwaltungsaufwand einhergeht. Allerdings haben auch die bisher gemachten Alternativvorschläge allesamt ihre Kehrseiten. Würde man beispielsweise die Aufnahme von Flüchtlingen in die EU per Quote regeln, gäbe es ähnliche Probleme wie jetzt: Wie sollte zwischen der Quote und den Interessen der Asylsuchenden ein Ausgleich geschaffen werden?

Gerechter für die Asylsuchenden wäre die freie Wahl des Aufnahmelandes. Aber eine solche Wahlfreiheit wäre nicht unbedingt die politisch klügere Lösung. Bei dem gegenwärtigen Trend der Flüchtlingszahlen in der EU spricht vieles dafür, dass Deutschland und Schweden dann den Großteil der Flüchtlinge aufnehmen müssten, selbst wenn die Menschen hier und dort keine sozialen oder andere Anknüpfungspunkte haben. Auch könnten bei der freien Wahl des Asyllandes einige Mit-

gliedsstaaten ihr Asylsystem vernachlässigen, um für Flüchtlinge unattraktiv zu sein.

Eines jedoch ist klar: So wie es ist, darf es nicht bleiben. Ein
Verteilungssystem muss, aufbauend auf einer Anhörung des
Antragstellers, sprachliche, kulturelle, soziale und berufliche
Anknüpfungspunkte berücksichtigen können. Es darf nicht mit
unnötigem Zwang durchgesetzt werden, denn der schafft Misstrauen und unterminiert daher auch die Effektivität der Asylverfahren.[5]

Ein Verteilungssystem darf die Zuständigkeit für ein Asylverfahren auch nicht auf ewig mit der Zuständigkeit für eine
Aufnahme des Betroffenen verknüpfen. Überzeugend ist deshalb der Vorschlag, nach dem Dublin-System verteilte, anerkannte Flüchtlinge nach einer gewissen Wartezeit in einen anderen EU-Staat weiterwandern zu lassen.

Eine Troika für Flüchtlinge:
Mehr tun, um die Bedingungen in den
europäischen »Problem-Ländern« zu verbessern

Längst schreibt das europäische Recht den Mitgliedsstaaten
Mindeststandards für die Asylverfahren und Unterbringung
von Asylsuchenden vor. Dass die EU-Länder sie nicht um-
setzten, liegt nicht nur am fehlenden politischen Willen. Auch
mangelhafte Ausbildung der Behörden und knappe Ressourcen können Gründe dafür sein. Für die Flüchtlinge spielt es
keine Rolle, warum Standards nicht eingehalten werden, sie
leiden so oder so unter den Folgen. Für die Politik spielt es
allerdings schon eine Rolle. Vor allem dort, wo es an Mitteln
und Wissen mangelt, kann die EU nachhelfen. In den letzten

fünf Jahren hat Brüssel 630 Millionen Euro dafür ausgegeben, um die Standards in den südlichen und östlichen Mitgliedsländern zu verbessern. Ob die Finanzspritze zu konkreten Ergebnissen geführt hat, lässt sich nicht ohne weiteres feststellen. Deswegen wäre es dringend geboten, die Gelder nicht nur auszugeben, sondern auch deren effektive und effiziente Verwendung besser zu kontrollieren. Das europäische Asyl-Unterstützungsbüro EASO könnte diese Aufgabe übernehmen. Doch derzeit fristet es im Vergleich zu Frontex ein absolutes Schattendasein. EASO aufzuwerten wäre ein wichtiger Schritt.

Auch da, wo politscher Wille fehlt, könnte die EU entschiedener gegensteuern. 2014 hat die Europäische Kommission bereits 14 Vertragsverletzungsverfahren gegen Mitgliedsstaaten eingeleitet. Wenn es darum geht, die Mindeststandards aus dem gemeinsamen Asylsystem umzusetzen, muss nicht nur die EU mit Kommission und Parlament, sondern müssen auch die anderen Mitgliedsstaaten deutlich werden: Es geht alle etwas an, wenn irgendwo in der Europäischen Union Grundrechte verletzt werden. Vertragsverletzungsverfahren sind dabei nur ein Mittel. Eigentlich müsste jeder Mitgliedsstaat eigene Mechanismen haben, um die Einhaltung der Standards zu kontrollieren. Ein wichtiger Baustein dabei ist die nationale Strafverfolgung. Gegen die Mitarbeiter der griechischen Küstenwachen, denen vorgeworfen wird, an illegalen *push-backs* beteiligt gewesen zu sein, wurden allerdings strafrechtliche Untersuchungen gar nicht erst eingeleitet. In Zukunft sollte die EU eine Berichtspflicht über die Einhaltung des Flüchtlingsrechts in den Mitgliedsstaaten einführen, einheitliche Gremien schaffen und sich auch stärker an der Kontrolle dieser Regeln beteiligen.

Deutschland, deine Flüchtlinge: Die Bundesrepublik kann Vorreiterin im Flüchtlingsschutz sein

Im europäischen Vergleich ist die Bundesrepublik beim Flüchtlingsschutz in mancherlei Hinsicht vorbildlich: Sie nimmt derzeit nicht nur die meisten Menschen auf, sondern beteiligt sich auch wie kein anderes Land am *Resettlement* von Flüchtlingen aus Syrien. Doch Deutschland darf sich dennoch nicht als Musterland des Flüchtlingsschutzes verklären. Der Vergleich mit Ländern, in denen Flüchtlinge auf der Straße leben und nur dank Suppenküchen überleben oder in denen sie massenhaft in Haft genommen werden, ist nicht würdig. Der Anspruch darf nicht sein, nicht so schlecht zu sein wie die anderen, sondern zu den besten zu gehören.

Dafür muss Deutschland noch nachholen:

Erstens indem das Bundesamt für Migration und Flüchtlinge sich weiter für ein fehlerfreies, zügiges Asylverfahren einsetzt. Das kann nur gelingen, wenn das Personal erneut aufgestockt wird. Denn unter hohem Zeitdruck kann kein Asylantrag sorgfältig bearbeitet werden.

Zweitens indem Unterkünfte für Asylsuchende nicht nur adäquat ausgestattet werden, sondern aufgrund ihrer Lage auch eine Integration ermöglichen. Container oder Gebäude »irgendwo auf der grünen Wiese« sind kontraproduktiv. Zudem sollten bundesweite Mindeststandards für die Ausstattung von Erstaufnahmeeinrichtungen und Gemeinschaftsunterkünften festgelegt werden. Natürlich darf der Staat den Betrieb von solchen Unterkünften an Private auslagern – doch müssen private Betreiber strenger kontrolliert werden, was Standards und qualifiziertes Personal angeht. Es darf nicht noch einmal passieren, dass ausgerechnet ausländerfeindliche und rassistische

Wachleute für die Sicherheit in einer Flüchtlingsunterkunft verantwortlich sind.

Drittens wird man auch darüber nachdenken müssen, Flüchtlingen schon während des Asylverfahrens Zugang zum Wohnungsmarkt zu verschaffen; das würde für eine bessere Verteilung sorgen und einmal mehr Integration erleichtern.

Nachholbedarf besteht *viertens* auch bei der Gesundheitsversorgung von Flüchtlingen. Die aktuelle Regelung hat in der Vergangenheit Leben gekostet und gefährdet Menschenleben weiterhin, weil sie auf akute Schmerzbehandlung begrenzt ist. Präventivmaßnahmen sieht das deutsche Asylrecht nicht vor. Dabei sind sie keineswegs unnötig, vor allem im Umgang mit traumatisierten Menschen. Bleiben vorbeugende oder begleitende Maßnahmen aus, kann sich der Gesundheitszustand der Betroffenen langfristig verschlechtern – mit schweren Folgen nicht nur für den Einzelnen, sondern auch verbunden mit höherem Aufwand für das Gesundheitssystem.

Lösen ließe sich diese Problematik leicht: Indem alle Menschen, die unter das Asylbewerberleistungsgesetz fallen, in die gesetzliche Krankenkasse aufgenommen würden.[6] Leider haben sich Bund und Länder auf eine solche Regelung nicht einigen können, obwohl der Bundesrat erhebliche verfassungsrechtliche Bedenken gegen die Novelle des Asylbewerberleistungsgesetzes geäußert hatte. Offenbar geködert durch ein großzügiges finanzielles Angebot des Bundes, der den Ländern für 2015 und 2016 eine Milliarde Euro für die Versorgung von Flüchtlingen zusagte, stimmte der Bundesrat der Einführung einer Gesundheitskarte nach dem »Bremer Modell« zu. In den Stadtstaaten Bremen und Hamburg haben Asylsuchende seit Jahren die Möglichkeit, ohne vorherige Genehmigung des Sozialamtes einen Arzt aufzusuchen. Der

Umfang der medizinischen Leistungen bleibt allerdings auch nach dem Bremer Modell auf die Behandlung akuter Erkrankungen und Schmerzzustände beschränkt. Auch wenn Bremens Modell Schule macht, bleibt es also bei unzureichender medizinischer Versorgung.

»Refugees welcome«: Flüchtlingsproteste sind richtig, egal ob man alle ihre Forderungen teilt

Die deutschen Ausländerbehörden waren es gewohnt, dass sich Asylsuchende mit ihrer Lage abfanden. Dass sich Flüchtlinge selbst organisieren und sich zu gemeinsamen Protestaktionen erheben, ist neu.

Am 29. Januar 2012 erhängte sich der Iraner Mohammed Rahsepar in einer Flüchtlingsunterkunft in Würzburg. Er hatte diesen Schritt angekündigt, wenn sich an den Bedingungen seiner Unterbringung nichts ändern würde. Rahsepars Selbstmord trat eine bis dato beispiellose Welle von Flüchtlingsprotesten in Deutschland los. In mehreren Innenstädten errichteten Flüchtlinge Protestcamps, um gegen Wohnsitzauflagen, schleppende Verfahren, Arbeitsverbote und für ein Bleiberecht zu demonstrieren. Angestoßen worden waren die Proteste von jungen Iranern, die nach den Präsidentschaftswahlen 2009 ihre Heimat verlassen hatten. Fünfzig Menschen liefen zu Fuß quer durch die Republik nach Berlin, um dort im Oktober 2012 vor dem Brandenburger Tor ihre Zelte zu errichten. Ihre Forderungen waren eindeutig: »Stop deportation! No border, no nation!« Seitdem kommt es immer wieder zu Hungerstreiks und Besetzungsaktionen von staatlichen oder privaten Gebäuden. In Hamburg fordern Hunderte Flüchtlinge seit März 2013 unter dem Slogan »Lampedusa in Hamburg« ein Bleiberecht in der Stadt. Auf dem Berliner Oranienplatz demonstrierten Flüchtlinge bis zum Sommer 2014, ein ehemaliges Schulgebäude im Stadtteil Kreuzberg ist nach wie vor von ihnen besetzt. Und auch in anderen EU-Ländern machen Flüchtlinge auf ihre Lage aufmerksam: Im Juni 2014 gingen 400 von ihnen zu Fuß von Straßburg nach Brüssel: »Freedom, no Frontex.«

Was den politischen Umgang mit den Protestierenden so schwierig macht, ist, dass es sich bei ihnen keineswegs um homogene Gruppen handelt: Unter ihnen sind Personen, die bereits ohne Erfolg ein Asylverfahren durchlaufen haben und nun nichts mehr zu verlieren haben. Unter ihnen sind Asylsuchende, die sich gegen die Überstellung in ein anderes EU-Land oder die lange Verfahrensdauer und die Lebensbedingungen während des Asylverfahrens wehren. Unter ihnen sind sogenannte Anerkannte – Menschen, die in einem anderen EU-Land bereits einen humanitären Aufenthaltstitel haben, nun aber in ein anderes weiterwandern wollen. Einige der Forderungen sind daher erfüllbar, andere sind es nicht.

Nicht erfüllbar ist etwa die nach einem uneingeschränkten Bleiberecht für alle. Denn auch nach internationalem Recht darf ein Staat entscheiden, wem er Aufenthalt gewährt und wem nicht. Einzig das Flüchtlingsrecht durchbricht diesen Grundsatz. Insofern ist die Forderung nach einem Bleiberecht für alle eine Utopie – eine nachvollziehbare, zweifellos.

Es wäre verantwortungslos, Menschen Versprechungen zu machen, die man nicht einhalten kann. Verantwortungslos ist es aber auch, Versprechungen zu machen, die man nicht ernst meint: In Berlin wurde den Protestlern zugesichert, ihre Anträge auf einen Aufenthaltstitel individuell zu prüfen. Doch alle, die zu ihren Terminen in der Behörde nicht erschienen, unabhängig ob entschuldigt oder nicht, warf man prompt aus dem Verfahren und ihrer Unterkunft.

Grundsätzlich erfüllbar sind viele andere Forderungen, angefangen bei Verbesserungen der Unterbringung über die Lockerung von Arbeitsbeschränkungen bis hin zu erneuter Prüfung von Abschiebehindernissen bei der Überstellung in ein anderes EU-Land.

Zwar ist es ein Missverständnis, dass die Politik jede Art von Flüchtlingsprotesten tolerieren muss. In Berlin war es nicht unbedingt zum Wohl der Flüchtlinge, die Besetzung eines leerstehenden Gebäudes zuzulassen und die Menschen damit in den katastrophalen hygienischen Bedingungen sich selbst zu überlassen. Doch ob unerfüllbar oder nicht – alle Forderungen sind legitim. Dass Menschen es nicht dulden, Objekt von als ungerecht empfundener Politik zu sein, und sich ermächtigen, dagegen aufzustehen, ist keine Unverschämtheit. Es ist ein Grundwert unserer Demokratie.

Raushalten ist noch kostspieliger: Krisenprävention, Sicherheitspolitik und Flüchtlinge

Flucht als Massenphänomen geht meist mit tiefgreifenden Krisen der Staatlichkeit und Regierungsführung eines Landes einher. Ob systematische Menschenrechtsverletzungen gegenüber bestimmten Bevölkerungsgruppen, »Drogenkriege« oder bewaffnete Aufstände: Wo der Staat seine Legitimität selbst in Frage stellt oder wo andere sie in Frage stellen, entstehen Konflikte, kommt es zu Flucht und Vertreibung. Es ist klar, dass man auch über die Beiträge Deutschlands und der EU zur Einhaltung der Menschenrechte, zur Friedenssicherung, Vermittlung und Konfliktprävention sprechen muss, wenn man über die langfristige Ausrichtung der Flüchtlingspolitik nachdenkt. Doch wie wir am besten dazu beitragen können, Konflikte zu verhindern, Frieden und Stabilität zu wahren, dazu ist guter Rat teuer. Klar ist nur, dass jeder Konflikt einzigartig ist, dass wir Prioritäten setzen müssen, dass wir über Versuch und Irrtum lernen und dass wir mit unserer Außenpolitik oft wenig erreichen können. Das heißt aber nicht, dass wir es gar nicht erst versuchen sollten oder dass wir in der Vergangenheit alles richtig gemacht hätten. Zu oft nimmt die Außenpolitik bei der Zusammenarbeit mit autokratischen Regimen zu viel in Kauf, etwa wenn es um eigene Sicherheitsinteressen geht oder um Fragen der Energiesicherheit.

Seit Herbst 2013 macht Bundespräsident Gauck mit seiner Forderung Schlagzeilen, Deutschland müsse mehr außenpolitische Verantwortung übernehmen – zur Not auch mit militärischen Mitteln. Auf der Münchner Sicherheitskonferenz im Januar 2014 meinte Gauck, Deutschland müsse eine Form von Verantwortung finden, »die wir noch zu wenig eingeübt haben«. Seitdem reißt die Diskussion darüber, welche Rolle Deutschland in der Welt einnehmen soll, nicht ab.

Folgt man der Bundeskanzlerin, kommt die Republik ihrer außenpolitischen Verantwortung auch nach, indem sie Staaten durch die Ausbildung von Soldaten und den Export von Waffen aus deutscher Produktion militärisch »ertüchtigt«. Doch das setzt außenpolitische Verantwortung mit Rüstungsexportpolitik gleich – dabei haben wir mit dem Export deutscher Waffen und Spionagesoftware bereits zu Menschenrechtsverletzungen beigetragen. Vielversprechender hingegen wäre es, diplomatisches Gewicht in die Waagschale zu werfen, sich personell stärker in UN-Friedensoperationen und EU-Polizeimissionen zu engagieren oder in Mediations- und Frühwarn-projekte zu investieren.

Was außenpolitische Verantwortung ganz sicher ausmacht, ist, dass die Bundesrepublik sich für Menschenrechte stark-macht und eine Schutzverantwortung für jene übernimmt, die von Kriegsverbrechen, Verbrechen gegen die Menschlichkeit, ethnischen »Säuberungen« oder Völkermord bedroht sind. Mit anderen Worten: indem sie eine wirksame Flüchtlingspolitik betreibt.

Zu den Menschenrechten in der Außenpolitik: Wie wir im Ausland dazu beitragen können, den Respekt für die Menschen-rechte zu verbessern, ist umstritten: Sollen deutsche Vertreter öffentlich dazu Stellung beziehen oder ihre Besorgnis nur hin-ter verschlossenen Türen äußern? Sollen sie sich für Einzelper-sonen einsetzen oder nur strukturelle Probleme ansprechen? Wie sollen Wirtschaftsinteressen und Menschenrechtsdiploma-tie gegeneinander abgewogen werden? Welche Wirkung hat das Einstehen für Menschenrechte überhaupt?

Diese Fragen sind wichtig, und die deutsche Außenpolitik muss sich ihnen in Zukunft stellen. Doch bei der Debatte um den Stellenwert von Menschenrechten in der Außenpolitik sollten wir eines nicht vergessen: Auch wenn sich die Verhält-nisse im Heimatland der Flüchtlinge nicht über Nacht verän-dern lassen, kann der konsequente Einsatz für Flüchtlinge Menschen indirekt vor zukünftigen Verletzungen ihrer Rechte durch den Staat oder bestimmte Gruppen schützen. Denn die Transferzahlungen und das Kapital, das von Migranten in ihre Heimatländer überwiesen oder dort investiert wird, sind längst eine wirtschaftliche Größe. Schwerer messbar ist das poli-tische Kapital, das Flüchtlinge, die in der EU geschützt wer-

den, in ihre Heimatländer einbringen: Der Menschenrechts-
aktivist, der in Berlin Kontakte knüpft, wird später vielleicht
ein Ansprechpartner, wenn es darum geht, den demokratischen
Umbau seiner Heimat zu unterstützen.

Und schließlich können sich die Brüsseler Beamten
und Vertreter der EU-Länder glaubwürdiger nach außen für
die Menschenrechte einsetzen, wenn sie sich innerhalb der
Union für den bestmöglichen Schutz der Grundrechte engagieren.

Zur Schutzverantwortung: Deutschland stimmte 2005 in der
UN-Generalversammlung einer Resolution zur Schutzverantwortung für von Kriegsverbrechen bedrohte Zivilisten
zu. Die Schutzverantwortung wird in der Regel von Befür-
wortern militärischer Interventionen ins Spiel gebracht. Wenn
ein Staat nicht fähig oder willens ist, seine Bürger vor schweren Menschenrechtsverletzungen zu schützen, darf die internationale Gemeinschaft zum Schutz der Bevölkerung
eingreifen. Was vornehmlich mit militärischen Mitteln geschieht. Mit einer besseren Flüchtlingspolitik sowohl in den
von Krisen betroffenen Ländern wie auch innerhalb der
EU kann sich Deutschland für nichtmilitärische Maßnahmen zum Schutz von Zivilisten starkmachen. Denn sich
mit den Liebsten und ein paar Habseligkeiten auf den gefährlichen Weg in sichere Gebiete zu machen ist eine ur-
alte Strategie der Zivilbevölkerung, sich vor Gewalt zu
schützen – je weiter vom Kriegsgeschehen weg, desto sicherer. Eine verantwortungsvolle Flüchtlingspolitik ist eine
effektive – und im Vergleich zu einer militärischen Interven-
tion sogar effizientere – Weise, unserer Schutzverantwortung
nachzukommen.[7]

Armut und Migration:
Wirtschaftliche Entwicklung ernsthaft fördern

Fluchtursachen sind vielschichtig. Armut oder fehlende wirtschaftliche Perspektiven gehören zweifellos dazu. Oft wird deshalb zwischen »politischen Flüchtlingen« auf der einen und »Wirtschaftsflüchtlingen« auf der anderen Seite unterschieden. Dass sich beides manchmal nicht so leicht trennen lässt, haben wir bereits beschrieben: Wem Verfolgung droht, der ist auch im rechtlichen Sinne ein Flüchtling, unabhängig davon, ob ihn daneben auch wirtschaftliche Gründe zur Flucht treiben. Und wem aus Gründen der Diskriminierung keine Erwerbstätigkeit möglich ist, ist auch Flüchtling.

Jenseits solcher Bedrohungen hat der Flüchtlingsschutz jedoch tatsächlich nichts mit Armutsbekämpfung am Hut. Das heißt nicht, dass wir Armut nicht bekämpfen sollten. Nur eignen sich die Zahlen, wie viele Menschen aus einem Land einen Asylantrag stellen, eben nicht als Kriterium, ob Armutsbekämpfung erfolgreich ist: Erfolg in der Armutsbekämpfung und die Förderung wirtschaftlicher Entwicklung bemessen sich nicht an sinkender Mobilität, sondern am wirtschaftlichen und sozialen Wohl und dessen Verteilung. In der Tat weisen wissenschaftliche Studien darauf hin, dass wirtschaftliche Entwicklung Migration sogar verstärkt. Denn jene, die migrieren, gehören überwiegend zur Mittelschicht, nicht zu den Ärmsten der Bevölkerung.[8] Der Zusammenhang zwischen Armutsbekämpfung und Flucht ist daher vermutlich eher indirekt: wirtschaftliche Stabilität trägt auch zur politischen Stabilität bei.

Wie Armut am wirksamsten bekämpft wird, ist nicht unstrittig. Die Entwicklungszusammenarbeit hat seit Jahren ein Legitimitätsproblem: Ihr wird von verschiedenen Seiten immer wieder vorgeworfen, sie sei ineffizient oder gar unwirksam. Sie verhindere wirtschaftliche Eigenständigkeit und Initiative, sei paternalistisch, unterhalte sperrige bürokratische Apparate, fördere Eliten. Doch dass Armutsbekämpfung über die Entwicklungszusammenarbeit keine Wirkung hat, liegt wohl eher daran, dass es für sie kein Patentrezept gibt, das sich überall gleich anwenden lässt. So sind Instrumente, die an einem Ort richtig sind, an einem anderen Ort die falschen. Erfahrungen und Richtlinien dazu, was effizient ist, gehen durch fehlende lokale Erfahrung und Koordination der Entwicklungshelfer und in politisch motivierten Schnellschüssen unter.

Daneben bleiben wirksame Maßnahmen, die wirtschaftliche Entwicklung fördern würden, aus. Das fängt bei der Agrarpolitik an. Die EU unterstützt die heimische Landwirtschaft nicht nur direkt mit hohen Subventionen, sondern auch indirekt mit hohen Zöllen, die auf ausländische Agrarprodukte erhoben werden. Das erschwert die Einfuhr von Gütern, deren Export für Entwicklungsländer am bedeutendsten ist. Jene, die als ärmste Länder zollfreien Zugang zum EU-Markt hätten, scheitern wiederum oftmals an den hohen Standards zu Hygiene und Sicherheit.

Auch die Art, wie Zölle berechnet werden, benachteiligt Entwicklungsländer: Weil die höchste Wertsteigerung von Gütern in den letzten Produktionsschritten erfolgt, sind die Zölle für weiterverarbeitete Produkte viel höher als die von Rohstoffen. Das macht die Weiterverarbeitung von Rohstoffen in den Herkunftsländern weniger attraktiv als in den Konsumländern und trägt dazu bei, dass sich das dafür nötige Gewerbe gar nicht erst ansiedelt. Entwicklungsländer verharren so unfreiwillig in ihrer klassischen Rolle als Rohstoffproduzenten. Weil die Weltmarktpreise für unverarbeitete Güter fallen, wird auch das Austauschverhältnis von importierten und exportierten Gütern für die Entwicklungsländer schlechter. Und starre Herkunftsregeln für Produkte sorgen dafür, dass nur Produkte, die zu einem hohen Anteil in einer bestimmten Region produziert werden, auch den Zollpräferenzen der EU unterliegen.

Verhandelt wird über die internationale Handelspolitik im Rahmen der Welthandelsorganisation. Bei Streitigkeiten über die Handelspolitik können auch Entwicklungsländer eigentlich ein Streitbeilegungsorgan anrufen. Aber die hohen Kosten und die nötige technische und rechtliche Expertise sorgen dafür, dass Entwicklungsländer davor zurückscheuen.

Die jüngste Verhandlungsrunde der WTO, die sich besonders auch um die Belange der Entwicklungsländer drehen soll, scheitert derweil immer wieder an der Streitfrage der Agrarpolitik. Jüngst ließ Indien fast die Verhandlungen platzen, weil es sich von den Regelungen zu Nahrungsmittelreserven und Subventionen benachteiligt sieht. Die zulässigen Höchstgrenzen dafür orientieren sich nämlich an den Weltmarktpreisen der achtziger Jahre und stellen die Entwicklungsländer, die heute zu den großen Produzenten von Nahrungsmitteln gehören, schlechter. Entwicklungsländer fordern außerdem, dass Spekulationen auf steigende oder fallende Nahrungsmittelpreise besser überwacht oder beschränkt werden.

Das alles sind nachvollziehbare Forderungen. Wenn wir es mit der Armutsbekämpfung ernst meinen, können wir ihnen im Rahmen der Agrar- und Handelspolitik entgegenkommen. Daneben leistet aber auch Migration selbst einen Beitrag zur Entwicklungsförderung – und zwar sogar wirksamer als traditionelle Instrumente der Entwicklungszusammenarbeit. In Industriestaaten ausgebildete Arbeitskräfte können nicht nur ihr Wissen im Heimatland einbringen, sollten sie dorthin zurückkehren, sondern überweisen auch einen Teil ihres Einkommens in ihre Heimatländer. Tatsächlich ist die Summe der Transferzahlungen von Migranten weltweit drei Mal so hoch wie die Gelder, die die OECD-Staaten zur Entwicklungszusammenarbeit aufwenden. In manchen Entwicklungsländern tragen die Transferzahlungen zehn Prozent zum Bruttoinlandsprodukt bei.[9]

Flüchtlingspolitik ist keine Einwanderungspolitik, funktioniert aber nicht ohne sie

Auf den ersten Blick ähneln sich Flüchtlings- und Einwanderungspolitik insofern, als dass in beiden selektiert wird. *Flüchtlingspolitik* aber legt humanitäre Maßstäbe an, um über den Aufenthalt von Menschen zu entscheiden. Wirtschaftliche Maßstäbe sind ihr fremd und sollten ihr fremd bleiben. Für die Entscheidung über den Aufenthalt spielt es keine Rolle, wie gut eine Person eine Sprache spricht, welche Berufsausbildung sie hat oder welche kulturellen Bezüge sie zum Aufnahmeland hat. Wem im Heimatland Verfolgung oder andere schwere Rechtsverletzungen drohen, der hat nach unserer Grundrechtsordnung einen Anspruch darauf, nicht dorthin zurückgeschickt zu werden und hier ein normales Leben zu führen. Umgekehrt schließt das Flüchtlingsrecht Menschen aus, die solche Gründe nicht haben – auch wenn sie wegen der schlechten wirtschaftlichen Situation in ihrem Heimatland nicht freiwillig gekommen sind und in Deutschland und der EU arbeiten wollen.

Flüchtlingspolitik sieht deshalb aber auch keine zahlenmäßige Beschränkung vor; sie ist keine Einwanderungspolitik.

Bei der *Einwanderungspolitik* hingegen darf es nicht nur

Obergrenzen geben, sondern es darf auch danach ausgewählt werden, welche Chance ein möglicher Einwanderer auf dem Arbeitsmarkt des Einwanderungslandes hat. Dass Flüchtlingspolitik trotzdem nicht ohne Einwanderungspolitik funktioniert, hat drei Gründe.

Erstens: Flüchtlingen soll nach den deutschen, europäischen und internationalen rechtlichen Vorgaben eine wirtschaftliche Perspektive ermöglicht werden. Die soziale und wirtschaftliche Integration von Flüchtlingen ist kein Gnadenakt, sie ist elementarer Bestandteil des Asylrechts. Gleichwohl dient sie den Interessen der Flüchtlinge ebenso wie der aufnehmenden Gesellschaft.

Zweitens: Wenn es unmöglich ist, legal aus wirtschaftlichen Gründen einzureisen, bleibt den Menschen nur der Umweg über das Asylsystem – und der wird so zum Flaschenhals für alle. Das wiederum schadet nicht nur der Effektivität, sondern vor allem der Akzeptanz des Asylrechts.

Drittens: Es ist klar, dass es auch bei besseren Asylverfahren und einer sorgfältigen und zeitgemäßen Auslegung der humanitären Kriterien weiterhin Menschen geben wird, die ein Asylverfahren erfolglos durchlaufen werden. Bei einigen von ihnen stehen andere humanitäre Gründe wie Krankheiten der Abschiebung entgegen. Allen anderen könnte die Chance gegeben werden, auf dem Arbeitsmarkt Fuß zu fassen – insbesondere wenn sie über Qualifikationen verfügen, die auf dem Arbeitsmarkt benötigt werden.

Derzeit sieht es allerdings nicht danach aus, dass Deutschland eine erfolgreiche Arbeitsmarkt- und Einwanderungspolitik betreibt. Deutschland ist zwar eindeutig ein Einwanderungsland, und das seit langem. Doch genau das will man nicht wahrhaben. Im Verhältnis zur Bevölkerungszahl war die Zuwanderungsrate bereits von 1950 bis 2000 höher als die der Vereinigten Staaten. Inzwischen hat jeder fünfte Einwohner einen Migrationshintergrund. Deutschland tut nicht genug, um Zuwanderern eine erfolgreiche wirtschaftliche Perspektive zu geben. Die Organisation für wirtschaftliche Entwicklung und Zusammenarbeit (OECD) fand in einer Studie von 2013 heraus, dass Einwanderer pro Haushalt im Schnitt pro Jahr über 5000 Dollar netto an den Staat überweisen – nach Abzug von Sozialleistungen, auch in Deutschland.[10] Einwanderer liegen dem Staat nicht auf der Tasche. Aber nirgends in den OECD-Ländern ist der Unterschied zwischen der Höhe der gezahlten Steuern bei Zuwanderern und Nichtzuwanderern höher als in Deutschland. Er übersteigt hier den Schnitt um das Neunfache. Selbst auf Bildung als Motor der wirtschaftlichen Integration ist in Deutschland weniger Verlass als in anderen Ländern der OECD. Zwar wird auch bei uns der Steuerbeitrag der Migranten größer, je mehr Bildung die Menschen haben. Doch der Effekt ist hier am kleinsten.

Es läuft offenbar gehörig etwas schief bei der wirtschaftlichen Integration von Migranten. Deutschland nutzt das Potenzial seiner Zuwanderer nicht. Dabei ließe sich durch die bessere Integration derer, die bereits im Land sind, wirtschaftlich sogar mehr erreichen als durch zusätzliche Arbeitsmigration.

Von Maßnahmen zur besseren wirtschaftlichen Integration von Einwanderern könnte auch das überlastete Asylsystem profitieren. So forderte der Deutsche Industrie- und Handelskammertag (DIHK) jüngst ein Abschiebeverbot für Jugendliche während der Ausbildung – unabhängig vom Ausgang ihres Asylverfahrens. Der Präsident des DIHK forderte die Flüchtlinge auf, sich bei Berufsverbänden und Unternehmen zu melden: »Wir haben noch unbesetzte Ausbildungsplätze.

Wir brauchen Sie.«[11] Auch könnte jemand, der während seines Asylverfahrens eine Arbeitsstelle erhält, gleich einen Aufenthaltstitel erhalten. Das Asylverfahren könnte er dann wieder aufnehmen, wenn er die Arbeitsstelle verliert, ohne dass sich der Aufenthalt durch die Erwerbstätigkeit weiter verfestigt hat. Schließlich könnte Deutschland auch daran festhalten, das Arbeitszeitverbot für Asylsuchende und Geduldete so kurz wie möglich zu halten und auch auf die Vorrangprüfung zu verzichten. Unabhängig von solchen Ideen ist klar: Einwanderer brauchen noch mehr Förderung, Sprach- und Integrationskurse.

Die wirtschaftlichen Vorteile von Einwanderung in Deutschland und anderen Industriestaaten sind belegt. Dass diese Vorteile nicht so hoch sind, wie sie sein könnten, ist offenbar ein hausgemachtes Problem. Was ist also gegen Zuwanderung einzuwenden? Den erwiesenen Vorteilen von Migration gegenüber steht nur die oft behauptete begrenzte soziale Absorptionskraft eines Landes. Diese Größe aber ist konstruiert – wir schaffen sie selbst durch unser Reden – und kann nicht zahlenmäßig festgelegt werden.

Es wird immer die geben, die meinen, diese Grenze sei erreicht. Es gibt aber keine ernstzunehmende nichtökonomische wissenschaftliche Studie, die uns dabei leiten könnte, was zu viel Einwanderung ist. Solange das so bleibt, können wir auf die Vorteile von Migration verweisen und darauf, dass Deutschlands Einwanderer sich trotz allem erstaunlich zugehörig zu Deutschland fühlen. Eine Studie des Berliner Instituts für empirische Migrations- und Integrationsforschung kommt zum Ergebnis, dass sich 81 Prozent der Einwanderer mit Deutschland verbunden fühlen – genauso viele wie unter den Nichteinwanderern. Im

Gegensatz dazu definieren Nichteinwanderer das Deutsch-Sein allerdings gegen Muslime – unabhängig von deren Pass. Es geht also weniger um Einwanderer als darum, in was für einer Gesellschaft wir leben wollen. In einer, die Vielfalt als Bereicherung begrüßt, oder in einer, die diese Vielfalt als Gefährdung ablehnt?

In Seenot, aber nicht gesunken

Die europäische Flüchtlingspolitik ist noch zu retten

Im Herbst 2013 ertranken im Mittelmeer über 600 Menschen. Spätestens seitdem sich aus dem Nahen Osten und Zentralasien immer mehr Verzweifelte auf den Weg nach Europa machen, wissen wir, dass wir uns nicht einfach vor dem Leid draußen verstecken können. Doch während in den vergangenen Jahren die Rechtsregeln für Flüchtlinge in der EU immer klarer und stärker geworden sind, stagniert der Wille, diese Regeln umzusetzen. Mehr noch: Wenn nicht gewährleistet wird, dass Menschen die bestehenden Verfahren auch tatsächlich nutzen können, weil sie an der Ausreise gehindert oder die Hürden für die Flucht unüberwindbar werden, dann stellt das noch so klare und gute Regeln in Frage. Und wenn einkalkuliert wird, dass Menschen sterben, weil sie an der Grenze zurückgeschoben werden, weil die Mittelausstattung für die Seenotrettung unzureichend ist oder die Zuständigkeit darüber herumgereicht wird wie ein schwarzer Peter, dann geht das an die Substanz von Europas Selbstverständnis als rechtsliebend und menschenfreundlich.

Wunder sind von der europäischen Flüchtlingspolitik nicht zu erwarten. Sie ist eine humanitäre Maßnahme, die angesichts des Ausmaßes von Flucht und Vertreibung stets unzureichend sein wird. Doch das heißt nicht, dass es keine realistische und an den Menschenrechten orientierte Flüchtlingspolitik geben kann. Instrumente dazu haben wir zum Teil bereits an der Hand, zum Teil können wir sie entwickeln: Eine bessere Überwachung und Unterstützung bei der Durchsetzung der Standards in Europa, das Ausstellen humanitärer Visa, die Möglichkeit des Familiennachzugs und mehr *Resettlement;* außerdem eine größere Unterstützung von Transitstaaten, wobei die Kooperationen an Garantien geknüpft sein sollten, dass in Transitstaaten Menschenrechte geachtet werden.

Eine realistische Flüchtlingspolitik setzt sich auch mit ihren Beschränkungen auseinander. Flüchtlingspolitik in Europa basiert auf dem Grundsatz, dass wir humanitäre Gründe für den Aufenthalt eines Einzelnen an objektiven Kriterien messen: der Grund- und Menschenrechtsordnung. Es gibt keinen Anlass, dies leichtfertig über Bord zu werfen. Weder ist unser Verständnis der Grund- und Menschenrechtsordnung selbst statisch noch ist es deren Anwendung beim Aufenthaltsrecht und in der Flüchtlingspolitik: beides kann und muss sich weiterentwickeln, so wie das in den vergangenen sechzig Jahren auch geschehen ist.

Wir sollten die Debatte um Deutschland als Einwanderungsland nicht auf die Flüchtlingspolitik abwälzen. Doch ohne flankierende Einwanderungspolitik und eine Klärung der Frage, was mit abgelehnten Asylsuchenden passiert, wird keine Flüchtlingspolitik funktionieren. Und eine Flüchtlingspolitik, die sich darauf beschränkt, sich um die zu kümmern, die schon hier sind, ist eine kurzsichtige: Denn wie mehrfach erwähnt, schaffen viele Menschen nicht einmal mehr die Flucht über die eigenen Landesgrenzen, die meisten der anderen bleiben im

Nachbarland hängen. Für sie ist schnelle humanitäre Hilfe unabdingbar; auf lange Sicht aber muss diese Hilfe verzahnt werden mit Strategien, die dafür sorgen, dass langfristig eine wirtschaftliche Integration vor Ort gelingt. Die Unterstützung solcher Maßnahmen ist weder »Scheckbuchdiplomatie« noch ist sie der Weisheit letzter Schluss. Sie ist schlichtweg eine pragmatische Antwort auf die Beschränkungen der Flüchtlingspolitik in Europa. Ähnliches gilt für eine fairere Handelspolitik und die Beziehung zwischen Flüchtlingspolitik und einer menschenrechtsorientierten Außenpolitik.

Europa wird sich auf viele weitere Jahre einstellen müssen, in denen die Menschen auf den »alten Kontinent« fliehen – zu Land, zu Luft, zu Wasser. Nicht jedes Bootsunglück wird automatisch Beweis einer gescheiterten Flüchtlingspolitik sein. Aber jeder Tote im Mittelmeer ist ein Beweis, dass wir besser werden müssen.

»It takes courage to be a refugee« (Als Flüchtling braucht man Mut) – so betitelte der UNHCR eine Plakatserie anlässlich des Weltflüchtlingstags 2005. Eines der Bilder porträtierte einen vietnamesischen Flüchtling, der vor Jahrzehnten geflohen war: »Getrieben vom Bürgerkrieg. Verzweifelte Flucht in einem offenen Boot. Jahre der Geduld im Flüchtlingscamp. Dann Asyl, die Chance auf einen Neubeginn. Neue Gepflogenheiten lernen. Wieder die Berufslaufbahn einschlagen. Ein Ort, den man sein Zuhause nennen kann.«

Am 3. Oktober 2013, dem Tag des Unglücks vor Lampedusa, nimmt ein deutscher Kapitän einer Hamburger Containerschiff-Reederei 130 Seemeilen entfern von Sizilien 63 entkräftete Syrer an Bord: 39 Männer, acht Frauen und 16 Kinder. Die Älteste an Bord ist knapp über siebzig Jahre, der Jüngste erst sechs Monate alt. Sie alle waren in ihrem Boot sieben Tage auf See getrieben.[12] Was würden sie in zwanzig Jahren auf einer Plakatserie sagen? Etwas von der Chance auf einen Neubeginn oder von der Obdachlosigkeit in Italien? Von der neuen oder alten Berufslaufbahn oder ihrer Marginalisierung? Vielleicht jedenfalls auch das: »Als Flüchtling braucht man Mut.«

Wir könnten diesen Mut beantworten, indem wir selbst mutiger werden.

Anmerkungen

Lampedusa oder das Ertrinken einer Illusion

1 Zed Nelson: Lampedusa boat tragedy: A survivor's story, *The Guardian,* 22.3.2014.

2 Deutscher Bundestag: Antwort der Bundesregierung auf die kleine Anfrage der Abgeordneten Ulla Jelpke, Petra Pau und der Fraktion der PDS; Drucksache 14/850, 25.10.1999.

3 Greg Beals: Syrians desperate for a new life drown trying to reach Greece, 4.4.2014, www.unhcr.org.

4 Wolfgang Bauer: Und vor uns liegt das Glück, *ZEIT-Magazin* 23/2014.

5 Zed Nelson: Lampedusa boat tragedy: A survivor's story, *The Guardian,* 22.3.2014.

6 Fabrizio Gatti: Bilal. Als Illegaler auf dem Weg nach Europa, Rororo Taschenbuch 2011.

7 Fabrizio Gatti: Lampedusa, scaricabarile sulla strage Così sono annegati i bimbi siriani, *l'Espresso Repubblica,* 28.11.2011.

8 Parlamentarische Versammlung des Europarats: »The left-to-die boat« – There should be no gaps in the division of responsibility for search and rescue, 16.12.2011.

9 Charles Heller, Lorenzo Pezznani und das Situ Studio: Report on the »Left-To-Die Boat«, Forensic Oceanography, Goldsmiths, University of London 2012.

10 Zahl illegaler Einwanderer um 138 Prozent gestiegen, Faz.de, 14.1.2015.

11 Frontex: 2013 Update on Central Mediterranean Route, www.frontex. europa.eu

12 Eurostat: Asylum applicants and first instance decisions on asylum applications: Third quarter 2014 – Issue number 15/2014, http://ec.europa.eu

13 Bilder, die man sonst nur aus Guantanamo kennt, Süddeutsche.de, 28.9.2014.

14 AIDA Asylum Information Database: Not there yet – An NGO

Perspective on Challenges to a Fair and Effective Common European Asylum System, Brüssel 2014.

15 Lizzy Davis: Why Lampedusa remains an island of hope for migrants, *The Guardian,* 16.10.2013.

Europa auf der Flucht –
Die Entstehung des Flüchtlingsrechts

1 Varian Fry: Auslieferung auf Verlangen. Die Rettung deutscher Emigranten in Marseille 1940/41. Fischer 2009.

2 Lisa Fittko: Mein Weg über die Pyrenäen. Erinnerungen 1940/41. Deutscher Taschenbuchverlag 2004.

3 Otto Kimminich: Grundprobleme des Asylrechts. Wissenschaftliche Buchgesellschaft 1983, S. 21.

4 Werner Röder: Die Emigration aus dem nationalsozialistischen Deutschland, in: Klaus J. Bade (Hrsg.) Deutsche im Ausland – Fremde im Ausland. Migration in Geschichte und Gegenwart. C. H. Beck 1992, S. 345–353.

5 M. Proudfoot: European Refugees: 1939–52. A Study in Forced Population Movement (1957). Zitiert nach B. Shephard: The Long Road Home: The Aftermath of the Second World War, Vintage 2011.

6 Mathias Beer: Flucht und Vertreibung der Deutschen: Voraussetzungen, Verlauf, Folgen. C. H. Beck 2011.

7 Andreas. Kossert: Kalte Heimat: Die Geschichte der deutschen Vertriebenen nach 1945. Pantheon 2009.

8 »A bundle of belongings isn't the only thing a refugee brings to his new country. Einstein was a refugee.« (eigene Übersetzung)

Eine Welt auf der Flucht –
Flüchtlingsschutz weltweit unter Druck

1 Alexander Betts et al., UNHCR: The Politics and Practice of Refugee Protection, Routledge 2011.

2 Jérôme B. Elie: The UNHCR and the Cold War: A Documented Reflection on the UN Refugee Agency's Activities in the Bipolar Context, 2007, www.graduateinstitute.ch

3 UNHCR: UNHCR Global Trends 2013, Genf 2014, www.unhcr.org

4 Human Rights Watch: Iran: Afghan Migrants and Refugees face Abuse, 20.11.2013, www.hrw.org

5 Medcins Sans Frontières: No Way In – The biggest refugee camp in the world is full, 2011, www.msf.org

6 Fünf Tage im Flüchtlingslager Kawergosk mit dem Schriftsteller Laurent Gaudé, www.info.arte.tv (eigene Übersetzung)

7 Wittgenstein Centre for Demography and Global Human Capital, www.global-migration.info

8 UNHCR: »Global Trends« der Jahre, 2005, 2006, 2007, 2008, 2009, 2010, www.unhcr.org

9 Wittgenstein Centre for Demography and Global Human Capital, www.global-migration.info

10 Terrie L. Walmsley, Alan L. Winters: Relaxing the Restrictions on the Temporary Movement of Natural Persons: A Simulation Analysis, Journal of Economic Integration, Center for Economic Integration. Sejong University, 2005, vol. 20, 688–726; Lant Prichett: Let their people come: breaking the gridlock on global labor mobility, Center for Global Development, 2006.

11 Cathrine Dauvergne: Making People Illegal, Cambridge University Press, 2008.

12 Scott Blinder: UK Public Opinion toward Immigration, Overall Attitudes and Level of Concern, www.migrationobservatory.ox.ac.uk

13 Harriet Sherwood: Queue for food in Syria's Yarmouk camp shows desperation of refugees, www.theGuardian.com, 26.2.2014.

14 Patricia Justino: Poverty and Violent Conflict: A Micro-Level Perspective on the Causes and Duration of Warfare, Journal of Peace Research, 2009, 46/3.

15 Burke M. et al., Warming Increases the Risk of Civil War in Africa, Proceedings of the National Academy of Sciences 2009/106 (49).

Die Grenzen gehen, die Grenzen kommen – Flüchtlinge in der Europäischen Union

1 Pro Asyl: Tod im Schlepptau der griechischen Küstenwache, 29.7.2014, www.proasyl.de

2 Group of lawyers for the rights of migrants and refugees: Briefing on Farmakonisi Boat Wreck, 1.8.2014, http://omadadikigorwnenglish. blogspot.be

3 Amnesty International: Enter at your peril: Lives put at risk at the gate of Europe, London 2013.

4 European Union Agency for Fundamental Rights: Fundamental rights at Europe's Southern sea borders, Luxemburg 2013, S. 42.

5 Human Rights Watch: Pushed Back, Pushed Around – Italy's Forced Return of Boat Migrants and Asylum Seekers, Libya's Mistreatment of Migrants and Asylum Seekers, New York 2009

6 Human Rights Watch: Pushed Back, Pushed Around – Italy's Forced Return of Boat Migrants and Asylum Seekers, Libya's Mistreatment of Migrants and Asylum Seekers, New York 2009.

7 Médecins Sans Frontières Italien: In cerca di salvezza. La sofferenza nascosta: Le testimonianze dei migranti sbarcati in Italia, 2011.

8 Judith Sunderland: Between the EU and the Deep Blue Sea, European Voice, 17.7.2013, www.hrw.org

9 Amnesty International: Rücküberstellungen von Asylsuchenden nach Bulgarien sind weiterhin auszusetzen, 13.11.2014, S. 3.

10 Ana del Barrio: Uno de los inmigrantes de Ceuta: ›La Guardia Civil me disparó pelotas de goma en la cabeza‹, EL Mundo, 21.2.2014.

11 Ministerio del Interior: 05/11/2014, El Ministerio del Interior creará oficinas de asilo y protección internacional en los puestos fronterizos de Ceuta y Melilla.

12 Amnesty International: Rücküberstellungen von Asylsuchenden nach Bulgarien sind weiterhin auszusetzen, 13.11.2014.

13 Report of the Special Rapporteur on the human rights of migrants, François Crépeau. Addendum: Mission to Tunisia. UN-Dokument A/HRC/23/46/Add.1, 2013.

14 Emma Graham-Harrison: On board the tiny fleet saving terrified migrants from an angry Mediterranean, The Observer, 16.11.2014.

15 Verordnung (EU) Nr. 1052/2013 des Europäischen Parlaments und des Rates vom 22. Oktober 2013 zur Errichtung eines Europäischen Grenzüberwachungssystems (EUROSUR).

16 Konvention von Dublin, BGBl. II, 1994, S. 791.

17 Anton Landgraf: Griechische Tragödie, Amnesty Journal, August 2013.

18 UNHCR: Stellungnahme zur Situation der Flüchtlinge und Asylbe-
    werber in Ungarn vom 9.5.2014 an das Verwaltungsgericht Düssel-
    dorf; Hungarian Helsinki Committee, Information Note on Asylum-
    Seekers in Detention and in Dublin Procedures in Hungary, Mai
    2014.

19 Amnesty International: Rücküberstellungen von Asylsuchenden nach
    Bulgarien sind weiterhin auszusetzen, 13.11.2014, S. 2.

20 Nach Informationen des Jesuiten-Flüchtlingsdienstes Belgien an die
    Verfasser.

21 Elspeth Guild et al.: New Approaches, Alternative Avenues And
    Means of Access to Asylum Procedures For Persons Seeking
    International Protection, Hrsg. vom Europäischen Parlament,
    Directorate-General for Internal Policies, Policy Department C,
    Brüssel, Oktober 2014, S. 9.

22 Richtlinie 2013/32/EU des Europäischen Parlaments und des Rates
    vom 26.6.2013 zu gemeinsamen Verfahren für die Zuerkennung und
    Aberkennung des internationalen Schutzes.

23 Richtlinie 2008/113/EG des Europäischen Parlaments und des Rates
    vom 16.12.2008 über gemeinsame Standards und Verfahren in den
    Mitgliedsstaaten für die Rückführung illegal aufhältiger Drittstaats-
    angehöriger.

24 European Council on Refugees and Exiles (ECRE): Returns Direc-
    tive – EU fails to uphold human rights, Pressemitteilung vom
    18.6.2008; Amnesty International: EU Office Reaction to Return
    Directive Vote, Pressemitteilung vom 18.6.2008.

25 EU-Kommission: Schreiben an die Bundesregierung vom
    16.10.2014.

26 Verordnung (EU) Nr. 439/2010 vom 19.5.2010.

27 Pro Asyl: Blockade gegen EU-Asylharmonisierung, 22.8.2011,
    www.proasyl.de

In der Warteschleife – Flüchtlinge in Deutschland

1 Friedrich-Ebert-Stiftung: Fragile Mitte, feindselige Zustände –
   Rechtsextreme Einstellungen in Deutschland 2014, Berlin 2014.

2 Bundesamt für Migration und Flüchtlinge: Asylgeschäftsstatistik für
   den Monat Dezember 2014.

3 15.Sitzung des Innenausschusses des Deutschen Bundestages vom 23.6.2014, Wortprotokoll, Seite 25.

4 Memorandum zur derzeitigen Situation des deutschen Asylverfahrens, Frankfurt a. M., 2005.

5 Az. 5425373–273; Az. 5426547–273; Az. 5451862–273, Az. 5434767–273.

6 Az.5430891–273.

7 Alle Namen sind von den Autoren geändert.

8 Gesch.-Z.: 5 636 703–285.

9 Gesch.-Z.: 5 545 518–273.

10 Gesch.-Z.: 5 529 732–439.

11 Az. 5 467 159–273.

12 Az. 9 K 4290/12.F.A.

13 Reinhard Marx: Probleme der Kommunikation und Darstellung der Lebenswirklichkeit von Flüchtlingen im Asylverfahren, ZAR, 11–12/2012, S. 417ff (423).

14 Bundesamt für Migration und Asyl: Asylgeschäftsstatistik für den Monat Dezember 2014.

15 Koalitionsvertrag zwischen CDU, CSU und SPD für die 18. Legislaturperiode, S. 76.

16 Deutscher Bundestag: 15.Sitzung des Innenausschusses vom 23.6.2014, Wortprotokoll, Seite 26.

17 UNHCR Deutschland: Stellungnahme vom 28.2.2014.

18 Richtlinie 2013/32/EU vom 26.6.2013, Anhang I.

19 Amnesty International: Amnesty International Report 2012, Mazedonien.

20 Amnesty International: Amnesty International Report 2013, Serbien.

21 VG Münster: Beschluss vom 27.11.014, Az.: 4 L 867/14.A.

22 Es ist einfach alles Chaos, *Süddeutsche Zeitung,* 12.10.2014.

23 Ein Hauch von Abu Ghraib, *Frankfurter Rundschau,* 28.9.2014.

24 Hendrik Cremer, Deutsches Institut für Menschenrechte: Menschenrechtliche Verpflichtungen bei der Unterbringung von Flüchtlingen, Berlin 2014.

25 Deutscher Bundestag: Drucksache 18/1934, Kleine Anfrage der Fraktion Bündnis 90/Die Grünen.

26 Report München, 1.1.2014.

27 PRO ASYL: Presseerklärung vom 15.4.2014.

Eine bessere Flüchtlingspolitik

1 Amnesty International: Growing Restrictions, Tough Conditions:
   The plight of those fleeing Syria to Jordan, London 2014.

2 Lebanon sharply limits Syrian refugee entry, *Al Arabiya News,*
   18.10.2014.

3 Médecins Sans Frontières: Where is everyone? Paris 2014.

4 Amnesty International: Left Out in the Cold – Syrian Refugees
   Abandoned by the International Community, London 2014.

5 Elsbeth Guild et al.: New Approaches, Alternative Venues and Means
   of Access to Asylum Prodcedures for Persons Seeling International
   Protection, Brüssel 2014.

6 Deutsches Institut für Menschenrechte: Presseerklärung vom
   8.12.2014.

7 Für diesen Gedanken danken wir Andrea Binder vom Global Public
   Policy Insitute.

8 Michael Clemens: Does Development Reduce Migration? In: Robert
   Lucas (Hrsg.), International Handbook on Migration and Economic
   Development, Edward Elgar 2015, www.cgdev.org

9 World Bank: Migration and Development Brief, Oktober 2014,
   www.econ.worldbank.org

10 The fiscal impact of immigration in OECD countries, in: Global
   Migration Outlook, OECD 2013.

11 Eric Schweitzer im ARD-Morgenmagazin, 1.12.2014.

12 Hamburger Frachter rettet 63 syrische Flüchtlinge, *Hamburger
   Abendblatt,* 10.10.2013.

Literatur

Im Folgenden listen wir verwendete Monographien und Sammelbände. Weitere Quellen entnehmen Sie bitte den Anmerkungen der jeweiligen Kapitel.

Klaus J. Bade (Hrsg.): Deutsche im Ausland – Fremde im Ausland. Migration in Geschichte und Gegenwart. C. H. Beck 1992.

Mathias Beer: Flucht und Vertreibung der Deutschen: Voraussetzungen, Verlauf, Folgen. C. H. Beck 2011.

Alexander Betts et al., UNHCR: The Politics and Practice of Refugee Protection, Routledge 2011.

Catherine Dauvergne: Making People Illegal, Cambridge University Press 2008.

Lisa Fittko: Mein Weg über die Pyrenäen. Erinnerungen 1940/41. Deutscher Taschenbuchverlag 2004.

Varian Fry: Auslieferung auf Verlangen. Die Rettung deutscher Emigranten in Marseille 1940/41. Fischer 2009.

Otto Kimminich: Grundprobleme des Asylrechts. Wissenschaftliche Buchgesellschaft 1983.

Andreas Kossert: Kalte Heimat: Die Geschichte der deutschen Vertriebenen nach 1945. Pantheon 2009.

Ben Shephard: The Long Road Home: The Aftermath of the Second World War, Vintage 2011.

Dank

Für hilfreiche Gespräche während der Entstehung des Buches dankt Julian Lehmann den Kollegen am Global Public Policy Institute: Andrea Binder, Fabian Bohnenberger, Katrin Kinzelbach, Philipp Rotmann und Clara Weinhardt.